北大版新一代对外汉语教材·汉字教程系列

新编 汉字津梁

施正宇 ◎ 编著

上 第二册

插　图：贾　克
帅　梅
古文缮写：吴本通
李家清
英文翻译：赵　晗

北京大学出版社
PEKING UNIVERSITY PRESS

目录 Contents

第二册

第七单元 肉(月)和饮食 ………………………………………… 141
Unit 7　Meat and Cuisine

第一课　肉(一) / 143
Lesson 1　Meat（Ⅰ）

第二课　肉(二) / 148
Lesson 2　Meat（Ⅱ）

第三课　食品 / 153
Lesson 3　Food

第四课　米 / 158
Lesson 4　Rice

基础知识　合体字 / 163
Basic Knowledge　Compound Characters

第八单元　动物 ………………………………………………… 165
Unit 8　Animals

第一课　牛、马和鱼 / 167
Lesson 1　Ox, Horse and Fish

第二课 羊、虫和蛇 / 173
Lesson 2　Sheep, Insect and Snake

第三课 象、犬和龙 / 179
Lesson 3　Elephant, Dog and Dragon

第四课 毛、鸟和虎 / 186
Lesson 4　Hair, Bird and Tiger

第五课 贝 / 194
Lesson 5　Shell

基础知识　汉字的书写规律·横的变化 / 198
Basic Knowledge　Conventions of Writing Chinese Characters·Variations of the Horizontal Stroke

第九单元　植物 …………………………………………… 201
Unit 9　Plants

第一课 木（一）/ 203
Lesson 1　Wood(Ⅰ)

第二课 木（二）/ 210
Lesson 2　Wood(Ⅱ)

第三课 木（三）/ 216
Lesson 3　Wood(Ⅲ)

第四课 草 / 222
Lesson 4　Grass

第五课 竹子 / 228
Lesson 5　Bamboo

第六课 粮食作物及其他 / 235
Lesson 6　Grain Crop and the Others

基础知识 汉字的书写规律·捺笔的变化 / 242
Basic Knowledge Conventions of Writing Chinese Characters·Variation of the Right Downward Stroke

汉字索引 **244**
Chinese Character Index

词汇索引 **255**
Vocabulary Index

第七单元 肉(月)和饮食

Unit 7 Meat and Cuisine

第一课 肉（一）
Lesson 1 Meat（Ⅰ）

汉字和汉语词汇
Chinese Characters and Words

肉 Meat

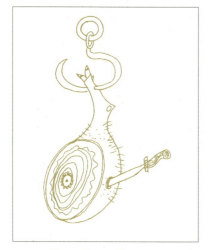

古文字形象切成大块的肉。用作偏旁，可写在字的左边，原作"肉"，后与"月"同，俗称"肉月旁"，也可写在字的下边，表示人或动物的身体部位或器官。

The ancient character is like meat in big chunks. When used as a radical, it can be put on the left, originally in the form of "肉", but now the same as "月", called "the meat radical"; it can also be put at the bottom, meaning a person or an animal's components and organs.

肉　肉　｜ 冂 冂 内 肉 肉

肉	ròu	（名）	meat
肉丁	ròudīng	（名）	diced meat
肌肉	jīròu	（名）	muscle

● 丁　丁　一 丁

● 肌　肌　丿 几 月 月 刖 肌

第七单元 肉(月)和饮食

143

有 Have

一只手拿着一块肉,表示"拥有"。
A hand holding a piece of meat, means "to have".

有 一 ナ 才 有 有 有

有	yǒu	(动)	to have
有趣	yǒuqù	(形)	interesting
有些	yǒuxiē	(代)	some
有意思	yǒu yìsi		interesting

脚 ノ 冂 月 月 月⁻ 月⁺ 胠 胠 脚 脚 脚

| 脚 | jiǎo | (名) | foot |

腿 ノ 冂 月 月 月⁻ 月⁺ 月⁺ 肥 肥 腮 腮 腿 腿

| 腿 | tuǐ | (名) | leg |

服 ノ 冂 月 月 月⁻ 肛 服 服

| 舒服 | shūfu | (形) | comfortable |

• 舒 ノ ト ト 乍 乍 余 舍 舍 舍 舍 舒 舒

第七单元 肉(月)和饮食

脸 ノ 丿 月 月 肝 肸 脸 脸 脸 脸

| 脸 | liǎn | (名) | face |
| 丢脸 | diūliǎn | (动) | to lose face |

脏 ノ 丿 月 月 月` 月` 肝 肸 脏 脏

脏	zāng	(形)	dirty
脏话	zānghuà	(名)	dirty word
心脏	xīnzàng	(名)	heart

脱 ノ 丿 月 月 月′ 月′ 肸 肸 脱 脱

| 脱 | tuō | (动) | to take off |

肥 ノ 丿 月 月 月′ 月′ 肥

肥	féi	(形)	fat
肥大	féidà	(形)	loose
肥肉	féiròu	(名)	fat meat
肥皂	féizào	(名)	soap

• **皂** ′ 冖 白 白 白 皂

胖 ノ 丿 月 月 月 月′ 肝 胖

| 胖 | pàng | (形) | fat |

145

肥胖　　féipàng　　（形）　　fat
胖子　　pàngzi　　（名）　　fat person

肤　肤　丿 几 月 月 肝 肝 肝 肤　　肤 肤 肤

皮肤　　pífū　　（名）　　skin

• 皮　皮　一 厂 广 卢 皮　　皮 皮 皮

练习
Exercises

一、按照笔画由少到多排列下面的汉字(Re-match the characters according to their amount of strokes)

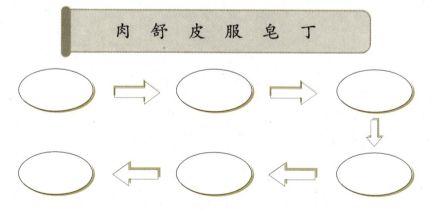

肉　舒　皮　服　皂　丁

二、请指出下列每组汉字中共有的部件 (Please write down the common component in the following characters)：

有 左：_____　　　爷 脚：_____
肥 爬：_____

146

三、用所给汉字组成词语(Form words with the given characters):

有:_____ _____

脏:_____ _____

肥:_____ _____

胖:_____ _____

四、选词填空(Fill in the blanks with the appropriate words):

1. 奶奶对妹妹说:"怕_____,不吃饭,对身体不好。"

   a. 肥   b. 胖   c. 瘦

2. 你看,我朋_____ 的 _____ 手里 _____ 什么?

   a. 有   b. 右   c. 友

3. 她 _____ 热,就把衣服 _____ 了。

   a. 脱   b. 说

4. 我今天不太舒_____。

   a. 报   b. 服

第二课 肉（二）
Lesson 2 Meat（Ⅱ）

汉字和汉语词汇
Chinese Characters and Words

肝　　　ノ 月 月 月 月― 肝― 肝

肝　　　gān　　　（名）　　　liver

腰　　　ノ 月 月 月 月― 月― 肝― 肝
　　　　肝 肝 肝 腰 腰

腰　　　yāo　　　（名）　　　waist

肚　　　ノ 月 月 月 月― 肚 肚

肚子　　dùzi　　　（名）　　　belly; stomach
拉肚子　lā dùzi　　　　　　　 suffer from diarrhoea

胸　　　ノ 月 月 月 月― 肑 肑 肑
　　　　胸 胸

胸　　　xiōng　　　（名）　　　chest

脑　　　ノ 月 月 月 月` 月― 肝― 肝
　　　　脑 脑

第七单元 肉(月)和饮食

脑子	nǎozi	（名）	brain; mind
大脑	dànǎo	（名）	brain
电脑	diànnǎo	（名）	computer

● 电 丨 冂 冂 日 电

胡 一 十 十 古 古 古 胡 胡

| 胡子 | húzi | （名） | beard |
| 胡说 | húshuō | （动） | bullshit |

背 丨 十 十 土 北 北 背 背

背	bèi	（名）	back
背后	bèihòu	（名）	back
背	bēi	（动）	carry on the back
背包	bēibāo	（名）	backpack

胃 丨 冂 冂 田 田 甲 胃 胃

胃	wèi	（名）	stomach
胃病	wèibìng	（名）	stomach trouble
胃疼	wèi téng		stomach-ache
胃口	wèikǒu	（名）	appetite

青 一 二 十 丰 丰 青 青 青

| 青 | qīng | （形） | blue; green |

七

149

静 一 二 キ 主 丰 青 青 青 青 靑 静 静 静 静

| 静 | jìng | (形) | quiet |
| 平静 | píngjìng | (形) | peaceful |

• 平 一 ⼆ 丆 五 平

情 ′ ⺀ 忄 忄 忄 忄 忙 情 情 情 情

情况	qíngkuàng	(名)	circs; instance
爱情	àiqíng	(名)	love between man and woman; personal affection
感情	gǎnqíng	(名)	emotion; feeling
同情	tóngqíng	(动)	sympathize with; show sympathy for; compassion
心情	xīnqíng	(名)	state of mind; mood

• 况 丶 冫 冫 沪 沪 况

请 丶 ⺀ 讠 讠 讠 诗 诗 请 请 请

请	qǐng	(动)	to please
请假	qǐng jià		to ask for leave
请问	qǐngwèn	(动)	excuse me

• 假 ⺉ 亻 亻 伫 伫 作 作 作 作 假 假

练习
Exercises

一、连连看 (Link the characters and the *Pinyin*)：

胖子　　　　　　　nǎozi
肚子　　　　　　　húzi
胡子　　　　　　　pàngzi
脑子　　　　　　　dùzi

二、按照笔画由少到多排列下面的汉字 (Re-match the characters according to their amount of strokes)

电　青　假　胡　腰　况

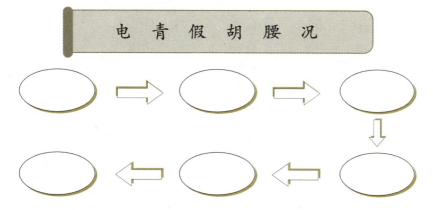

三、请指出下列每组汉字中共有的部件 (Please write down the common component in the following characters)：

包　胸：_____　　　假　皮：_____

胡　姑：_____　　　肤　脑：_____

四、用所给汉字组成词语(Form words with the given characters)：

胡：_____　　_____

背：_____　　_____

胃：_____　　_____

请：_____　　_____

情：_____　　_____

五、选词填空(Fill in the blanks with the appropriate words)：

1. 我今天有点儿_____子疼，不去上课了。
　　a. 肝　　b. 肚

2. 这个小男孩儿的_____口很好。
　　a. 背　　b. 青　　c. 胃　　d. 有

3. 她今天上午_____假了。
　　a. 请　　b. 情　　c. 青　　d. 静

4. 我的_____子出问题了。
　　a. 胸　　b. 脑　　c. 脸

第三课 食品
Lesson 3　Food

汉字和汉语词汇
Chinese Characters and Words

食 Food

上边象盖儿，下边象米在器具之中，古文字形表示吃的意思。"食"用作偏旁，可写在字的下边；写在字的左边时，简化作"饣"，称作"食字旁"。多表示与饮食有关的事物。

The upper component resembles the cover; the lower component is rice in a bowl. It means "to eat" in ancient Chinese. When used as a radical, it can be put at the bottom, or on the left, written as "饣", called "the food radical" indicating things related with cuisine.

食品　shípǐn　（名）　food
饮食　yǐnshí　（名）　food and drink

饭	fàn	（名）	meal
午饭	wǔfàn	（名）	lunch
饭馆	fànguǎn	（名）	restaurant

顿	dùn	（量）	a measure word for meal, etc.

饺子	jiǎozi	（名）	dumpling

馄饨	húntun	（名）	dumpling soup

馒头	mántou	（名）	steamed bread

第七单元 肉(月)和饮食

| 饼 | 饼 | ノ 𠂉 𠂉 𠂉 𠂉 𠂉 饼 饼 饼 | 饼 饼 饼 |

饼　　bǐng　　（名）　　round flat cake
饼干　　bǐnggān　　（名）　　biscuit; cracker

| 饱 | 饱 | ノ 𠂉 𠂉 𠂉 𠂉 饣 饣 饱 饱 | 饱 饱 饱 |

饱　　bǎo　　（形）　　full

| 饿 | 饿 | ノ 𠂉 𠂉 𠂉 𠂉 饣 饣 饿 饿 饿 | 饿 饿 饿 |

饿　　è　　（形）　　hungry

| 馋 | 馋 | ノ 𠂉 𠂉 𠂉 𠂉 饣 饣 饣 馋 馋 馋 馋 | 馋 馋 馋 |

馋　　chán　　（形）　　greedy; gluttonous

餐 Food

古文字形象一个人正在吃手里拿着的一块骨头。

The ancient character is like a person eating a bone in hand.

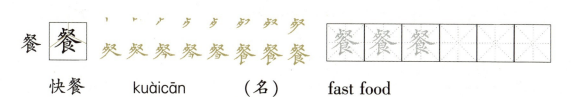

| 餐 | 餐 | ノ 𠂉 𠂉 𠂉 歺 歺 歺 歺 飧 餐 餐 餐 | 餐 餐 餐 |

快餐　　kuàicān　　（名）　　fast food

155

午餐	wǔcān	（名）	lunch
中餐	zhōngcān	（名）	Chinese food；lunch
餐馆	cānguǎn	（名）	restaurant

练习
Exercises

一、按照笔画由少到多排列下面的汉字（Re-match the characters according to their amount of strokes）

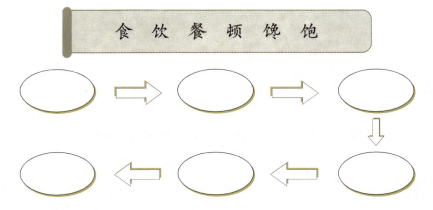

二、请指出下列每组汉字中共有的部件（Please write down the common component in the following characters）：

饨 顿：_____   饼 饭：_____

吹 饮：_____

三、用所给汉字组成词语（Form words with the given characters）：

食：_____   _____

饭：_____   _____

餐：_____   _____

四、选词填空(Fill in the blanks with the appropriate words)：

1. 你吃 _____ 了吗?
   a. 包　　b. 饱　　c. 抱　　d. 跑

2. _____ 头好吃，还是面包好吃？
   a. 慢　　b. 馒　　c. 漫　　d. 曼

3. 那边走过来一个小姑 _____ 。
   a. 粮　　b. 娘

4. 一天没吃饭，他 _____ 了。
   a. 饱　　b. 馋　　c. 饿

5. 我今天去 _____ 吃午饭。
   a. 参观　　b. 餐馆

第四课 米
Lesson 4　Rice

汉字和汉语词汇
Chinese Characters and Words

米 Rice

古文字形象一粒粒的米。用作偏旁，可写在字的左边或下边。一般多与粮食有关。

The image of grains of rice. When used as a radical, it can be put on the left or at the bottom, generally associated with food.

米	mǐ	（名）	rice
大米	dàmǐ	（名）	rice
米饭	mǐfàn	（名）	rice
米	mǐ	（量）	metre

粮食	liángshi	（名）	crop

粥
粥	zhōu	（名）	gruel; porridge

粉
粉	fěn	（名、形）	powder; pink
粉色	fěnsè	（名）	pink
面粉	miànfěn	（名）	(wheat) flour

糖
糖	táng	（名）	sugar; candy

糟

糕
糟糕	zāogāo	（形）	too bad; what bad luck
蛋糕	dàngāo	（名）	cake

• 蛋

粒
粒	lì	（量）	drop

料　　　丶　丷　丬　䒑　米　米　米　料
米　料

饮料　　　yǐnliào　　　（名）　　　drink; beverage

白 White

古文字形象一粒米，因为米的颜色是白的，所以字形借作"黑白"的白。

The shape of ancient character is like a grain of rice in Chinese. Rice is white, hence the later association with the white color.

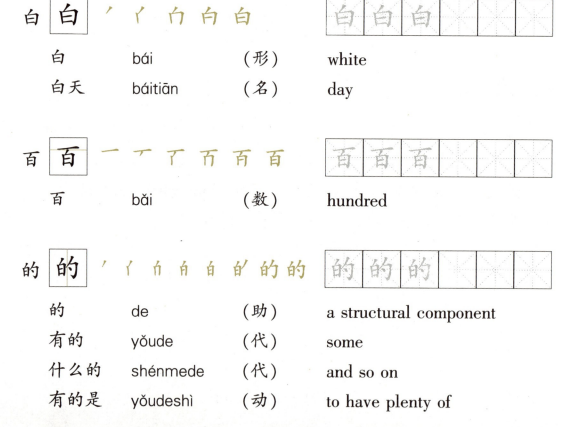

白　　　ノ　亻　冖　白　白

白　　　bái　　　（形）　　　white
白天　　báitiān　　（名）　　day

百　　　一　丆　㔾　历　百　百

百　　　bǎi　　　（数）　　　hundred

的　　　ノ　亻　冖　白　白′　的　的

的　　　de　　　　（助）　　a structural component
有的　　yǒude　　　（代）　　some
什么的　shénmede　（代）　　and so on
有的是　yǒudeshì　（动）　　to have plenty of

第七单元 肉(月)和饮食

| 目的 | mùdì | (名) | aim |
| 打的 | dǎ dī | | to take a taxi |

拍 一 亅 扌 扌' 扌 拍 拍 拍

拍	pāi	(动)	to clap
拍卖	pāimài	(动)	to auction
拍手	pāi shǒu		to clap one's hands

练习
Exercises

一、连连看(Link the characters and the *Pinyin*)：

日　白　百　目　自

bái
bǎi
mù
rì
zì

饺子　馒头　饼干　馄饨　米饭　蛋糕

bǐnggān
dàngāo
húntun
jiǎozi
mántou
mǐfàn

161

二、按照笔画由少到多排列下面的汉字(Re-match the characters according to their amount of strokes)

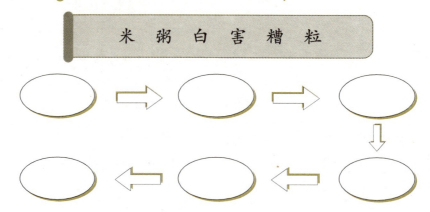

米　粥　白　害　糟　粒

三、请指出下列每组汉字中共有的部件 (Please write down the common component in the following characters):

饮 吹:_____　　　粮 娘:_____

粒 料:_____　　　怕 拍:_____

四、用所给汉字组成词语(Form words with the given characters):

米:_____　_____

粉:_____　_____

饮:_____　_____

拍:_____　_____

五、选词填空(Fill in the blanks with the appropriate words):

1. 孩子_____着手说:"欢迎,欢迎。"

　　a. 的　　　b. 怕　　　c. 拍

2. 我们应该爱惜(àixī,cherish)每一_____粮食。

　　a. 位　　　b. 拉　　　c. 粒

3. _____，我的东西丢了。

    a. 蛋糕   b. 糟糕   c. 面粉

基础知识
Basic Knowledge

合体字
Compound Characters

什 什   音 音

由两个或两个以上部分组成的汉字叫合体字。和笔顺一样，合体字的基本结构顺序也是从左到右、从上到下。

左右结构、上下结构是汉字的两种基本结构形式。

Characters constructed with the combination of two or more components are called compound characters. Like the order of strokes, the two basic structural orders of compound characters are from the left to right and from up to down.

简繁对照
Comparison of Simplified Characters and Classical Characters

脸—臉	脏—髒	肤—膚	电—電
请—請	饮—飲	饭—飯	馆—館
顿—頓	饺—餃	馄—餛	饨—飩
馒—饅	饼—餅	饱—飽	饿—餓
馋—饞			

第八单元 动物
Unit 8 Animals

第一课　牛、马和鱼
Lesson 1　Ox, Horse and Fish

牛 Ox & Cow

"牛"的古文字形突出了长着角的牛头。用作偏旁，可写在字的下边或右边，也可写在字的左边，作"牜"。可表示与牛或牲畜有关的事物。

The image of an ox's head with horns, meaning "ox". When used as a radical, it can be put at the bottom; on the left; written as "牜"; or on the right; indicating things related with ox, cow, or other livestock.

牛　　丿　⺅　二　牛

| 牛 | niú | （名） | ox; cow |
| 牛肉 | niúròu | （名） | beef |

件　　丿　⺅　仁　仁　件　件

| 件 | jiàn | （量） | piece |
| 文件 | wénjiàn | （名） | document |

特 ˊ ⺧ ⺧ 牛 牛 牜 牪 特
特 特 特

| 特点 | tèdiǎn | （名） | characteristics |

物 ˊ ⺧ ⺧ 牛 牛 牜 牞 物

动物	dòngwù	（名）	animal
动物园	dòngwùyuán	（名）	zoo
生物	shēngwù	（名）	creature

• 园 丨 冂 冂 𠃍 𠃌 园 园

告 ˊ ⺧ ⺧ 生 生 告 告

告诉	gàosu	（动）	tell
报告	bàogào	（动、名）	report
广告	guǎnggào	（名）	advertisement

• 诉 丶 讠 讠 讠 诉 诉 诉

• 广 丶 亠 广

角 Horn

古文字形象牛的角。
The image of an ox's horns.

第八单元 动物

角 | 角 | ノ ク ケ 力 角 角 角 | 角 角 角

| 角 | jiǎo | （名、量） | horn; corner; *jiao*, fractional unit of RMB, =1/10 *yuan* |
| 三角 | sānjiǎo | （名） | triangle |

嘴 | 嘴 | 丨 口 口 口' 口⺊ 口⺊⺊ 口⺊⺊ 啡 啡 啡 嘴 嘴 嘴 嘴 | 嘴 嘴 嘴

嘴	zuǐ	（名）	mouth
嘴巴	zuǐba	（名）	mouth
嘴唇	zuǐchún	（名）	lip

● 巴 | 巴 | 丁 コ 巴 巴 | 巴 巴 巴

● 唇 | 唇 | 一 厂 厂 厅 厉 辰 辰 唇 唇 | 唇 唇 唇

马 Horse

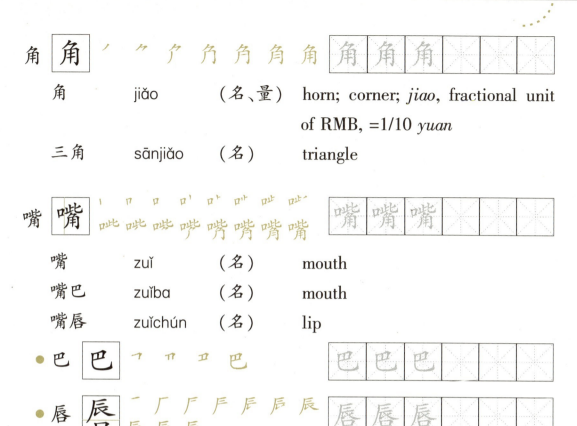

古文字形象马的形象。用作偏旁，可写在字的左边，也可写在字的下边，表示与马或牲畜有关的事物，还可写在字的右边，近似地表示字的读音。字形繁体写作"馬"，简化作"马"。

The image of a horse in ancient Chinese. When used as a radical, it can be put on the left or at the bottom, indicating things related with the horse or livestock; it can also be put on the right, suggesting the pronunciation.

The classical version is "馬", and the simplified version is "马".

169

马 马 ㇆ 马 马

马	mǎ	（名）	horse
马路	mǎlù	（名）	road
马上	mǎshàng	（副）	at once

骑 骑 ㇆ 马 马 马⁺ 马⁺ 马⁺ 马⁺ 骑 骑 骑

| 骑 | qí | （动） | ride |

骂 骂 丨 冂 口 吅 吅 骂 骂

| 骂 | mà | （动） | swear |

鱼 Fish

古文字形象鱼的形象。用作偏旁，多写在字的左边，也可写在右边或下边。表示与水生动物有关的事物。字形繁体为作"魚"，简化作"鱼"。

The image of fish in ancient Chinese. When used as a radical, it's mostly put on the left or be put on the right or at the bottom, indicating things related with aquatic life. The classical version is "魚", and the simplified version is "鱼".

鱼 鱼 ㇑ ㇉ 乞 乞 乞 鱼 鱼 鱼

鱼　　yú　　　　（名）　　fish

鲜　鲜　丶 ⺈ ⺈ 呂 当 角 鱼 鱼
　　　鱼 鱼ˊ 鱼ˊ 鲜 鲜 鲜　　鲜 鲜 鲜

鲜　　xiān　　　（形）　　fresh

练习
Exercises

一、按照笔画由少到多排列下面的汉字(Re-match the characters according to their amount of strokes)

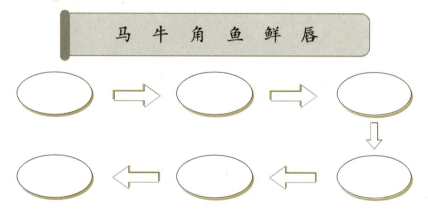

马　牛　角　鱼　鲜　唇

二、用所给汉字组成词语(Form words with the given characters)：

物：_____　_____

马：_____　_____

告：_____　_____

牛：_____　_____

三、选词填空(Fill in the blanks with the appropriate words)：

1. 我饿了，想喝_____奶。

  a. 午 b. 牛 c. 干 d. 千

2. 你喜欢什么动_____？

  a. 忽 b. 物

3. _____ _____吃饭了_____？

  a. 马 b. 妈 c. 吗 d. 骂

第二课　羊、虫和蛇
Lesson 2　Sheep, Insect and Snake

汉字和汉语词汇
Chinese Characters and Words

羊 Sheep

古文字形象羊的头，是"羊"的意思。
The ancient character looks like a sheep's head, meaning sheep.

羊	yáng	（名）	sheep
羊肉	yángròu	（名）	mutton
羊肉串儿	yángròuchuànr	（名）	shish kebab

| 美 | měi | （形） | beautiful |
| 美好 | měihǎo | （形） | nice |

美元	měiyuán	（名）	dollar
美丽	měilì	（形）	beautiful
美人	měirén	（名）	beauty
美国	Měiguó	（名）	America

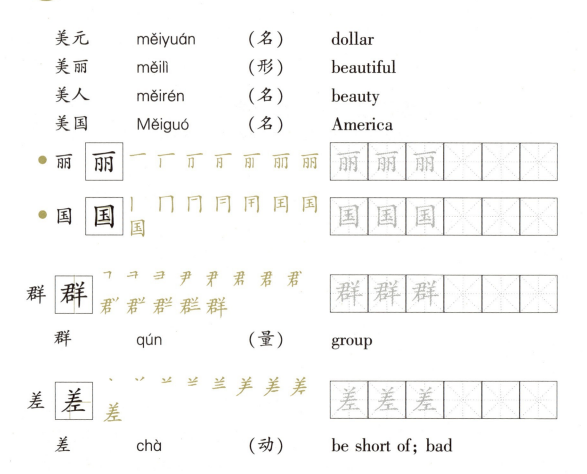

- 丽 丽 一 ｢ ｢ 厅 丙 丽 丽
- 国 国 丨 冂 冂 冃 月 国 国 国

群 群 フ ㄱ ヨ 尹 尹 君 君 君 君'' 君′ 君′ 群 群 群

群 qún （量） group

差 差 丶 丷 丷 ⺷ 兰 羊 差 差 差

差 chà （动） be short of; bad

虫 Insect

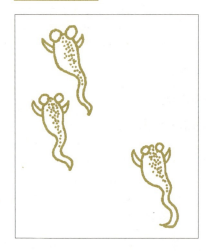

　　根据小虫喜好聚集在一起的特点，古文字形将字体合三"虫"而作"蟲"。用作偏旁作"虫"，可写在字的左边、右边或下边，表示各种昆虫等小动物、爬行动物等，以及与之相关的事物和行为。繁体为"蟲"，简化为"虫"

　　Insects tend to stay together, so three "虫" are put together in ancient Chinese to mean insect. When used as a radical, it can be put either on the left, right or at the bottom, indicating insects, reptiles, and other related things.

虫

虫 丶 口 口 中 虫 虫

| 虫子 | chóngzi | （名） | insect; worm |
| 懒虫 | lǎnchóng | （名） | lazybones |

虫牙 chóngyá （名） carious tooth

蛇 Snake

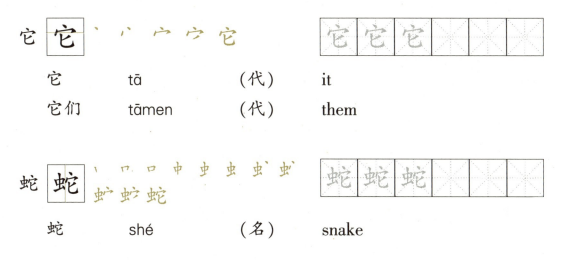

古文字形象蛇，字形作"它"，借作称人以外的事物的代词后，就又加"虫"作"蛇"。

The ancient character looks like a snake used to be portrayed by "它", which is later corrupted to be the pronoun for objects apart from human beings. A "虫" is added to "它" to mean snake.

它

它 丶 丶 宀 宁 它

| 它 | tā | （代） | it |
| 它们 | tāmen | （代） | them |

蛇

蛇 丶 口 口 中 虫 虫 虫' 虫宀 虫宀 蛇

| 蛇 | shé | （名） | snake |

舌 Tongue

古文字形象蛇的舌头，因为蛇的舌头是分叉的，最富有与众不同的特征。用作偏旁，可写在字的左边或右边，多表示与舌头的动作有关的事物。

The ancient character is like a snake's tongue because the tongue has unique fork at the tip. When used as a radical, it's put on the left or on the right, meaning things or actions related with the tongue.

| 舌 | 一 二 千 千 舌 舌 |
舌头　　shétou　　（名）　　tongue

| 乱 | 一 二 千 千 舌 舌 乱 |
乱　　luàn　　（形）　　untidy

| 话 | 丶 讠 讠 讠 讠 话 话 |
话　　huà　　（名）　　words
说话　　shuō huà　　　　speak
对话　　duìhuà　　（动、名）　dialogue
普通话　pǔtōnghuà　　（名）　mandarin

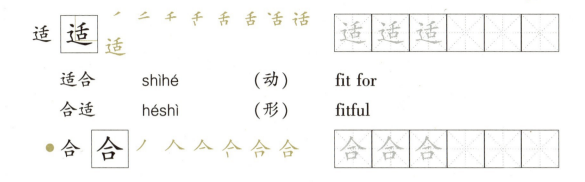

| 适合 | shìhé | (动) | fit for |
| 合适 | héshì | (形) | fitful |

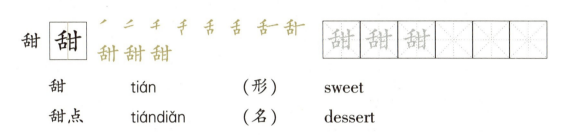

| 甜 | tián | (形) | sweet |
| 甜点 | tiándiǎn | (名) | dessert |

练习
Exercises

一、按照笔画由少到多排列下面的汉字 (Re-match the characters according to their amount of strokes)

美　甜　它　虫　丽　群

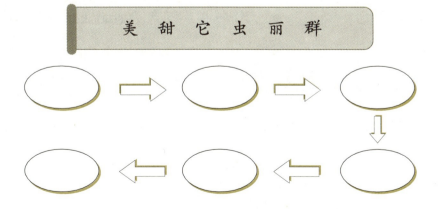

二、连连看(Link the characters and the *Pinyin*):

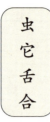 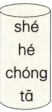

三、用所给汉字组成词语(Form words with the given characters):

羊:_____ _____

美:_____ _____

虫:_____ _____

告:_____ _____

四、请指出下列每组汉字中共有的部件 (Please write down the common component in the following characters):

群　鲜:_____　　　话　甜:_____

五、选词填空(Fill in the blanks with the appropriate words):

1. 我的普通话太_____了,该好好学习。

　　a. 着　　　b. 看　　　c. 差

2. 我喜欢吃_____的,比如糖、巧克力(qiǎokèlì, chocolate)什么的。

　　a. 话　　　b. 乱　　　c. 适　　　d. 甜

第三课 象、犬和龙
Lesson 3 Elephant, Dog and Dragon

汉字和汉语词汇
Chinese Characters and Words

象 Elephant

古文字形象一只大象。

The ancient character is like an elephant.

象

象	xiàng	（名）	elephant
大象	dàxiàng	（名）	elephant
对象	duìxiàng	（名）	object
印象	yìnxiàng	（名）	impression

像

| 像 | xiàng | （动、名） | look like; picture |
| 好像 | hǎoxiàng | （动） | seem |

为 Act

人的一只手牵着一头大象，表示有所作为。字形繁体为"爲"，简化作"为"。

A person leading an elephant with a hand, meaning "accomplishing something". The classical version is "爲", and the simplified version is "为".

为　为　丶ノ九为

认为	rènwéi	（动）	think; consider
以为	yǐwéi	（动）	think
因为	yīnwèi	（连）	because
为了	wèile	（动、介）	for; in order to
为什么	wèi shénme		why

- 因　因　｜冂冂囙因因

第八单元 动物

能 Bear

古文字形象一头熊。字形借作"能力"、"技能"的意思后,古人就在这个字上加了一个"炎",后来又省略作"火",表示"大火熊熊"的意思。

用作偏旁,"火"可以写在字的下边,简化作"灬"。

"Xiong", English meaning is a bear, in ancient Chinese character, has the implication of "strength" and "skill" in term of its printed character, furthermore, later, the ancients combined a Chinese character "Yan" as "Huo", its English meaning is fire, to represent the meaning a "huge fire", the "Yan" is used as character component and is placed underneath the Chinese character of "Huo", and abbreviates as "灬".

能	néng	（助动）	can; could
能干	nénggàn	（形）	able; capable
可能	kěnéng	（助动、动）	could

犬 Dog

古文字形象尾巴上翘的狗的侧面形象。用作偏旁，可写在字的下边或右边，写在左边时作"犭"，叫"反犬旁"，表示与狗或其他动物有关的事物。

The ancient character is like the profile of a dog with its upturned tail. When used as a radical, it can be put on the left, right or at the bottom, indicating things related to dog or other animals.

狗　ノ 丿 犭 犭 狥 狗 狗 狗

| 狗 | gǒu | （名） | dog |
| 狗熊 | gǒuxióng | （名） | black bear |

• 熊　ノ ム 亠 台 育 育 育 能 能 能 能 熊 熊

猫　ノ 丿 犭 犭 犳 猎 猎 猫 猫 猫 猫

| 猫 | māo | （名） | cat |
| 熊猫 | xióngmāo | （名） | panda |

猪　ノ 丿 犭 犭 犳 犷 狞 狞 猪 猪 猪

| 猪 | zhū | （名） | pig |
| 猪肉 | zhūròu | （名） | pork |

第八单元 动物

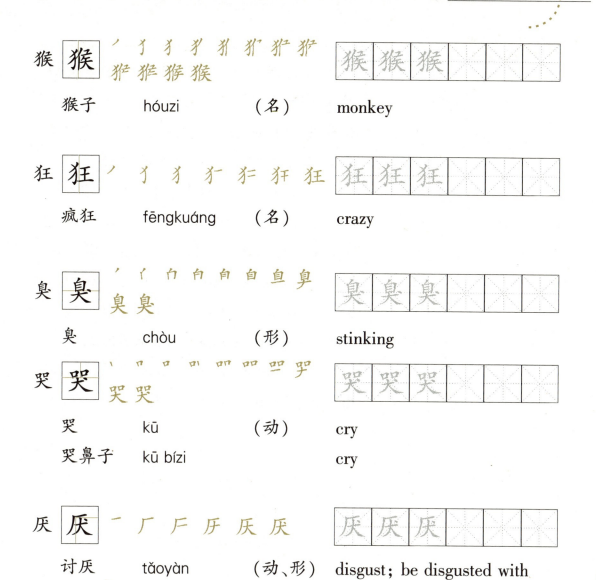

猴子	hóuzi	(名)	monkey
疯狂	fēngkuáng	(名)	crazy
臭	chòu	(形)	stinking
哭	kū	(动)	cry
哭鼻子	kū bízi		cry
讨厌	tǎoyàn	(动、形)	disgust; be disgusted with

183

龙 Dragon

古文字形象头顶上有毛，张着大口的大爬虫的样子，用来表示中国古代传说中的神异动物。自古以来，龙就是中华民族吉祥如意和力量的象征。

字形繁体为"龍"，简化作"龙"。

The ancient character resembles a big reptile with hair on the head, mouth wide open. It's associated with China's mythological animal: dragon. Dragon has been associated with happiness and power.

The classical version is "龍", and the simplified version is "龙".

龙 　一 ナ 尤 龙 龙

| 龙 | lóng | （名） | dragon |
| 龙头 | lóngtóu | （名） | water tap |

练习
Exercises

一、连连看(Link the characters and the *Pinyin*)：

第八单元 动物

厌
龙
哭
臭

chòu
kū
lóng
yàn

猫
狗
猪
猴

zhū
hóu
māo
gǒu

二、用所给汉字组成词语(Form words with the given characters)：

象：_____ _____

为：_____ _____

熊：_____ _____

讨：_____ _____

三、请指出下列每组汉字中共有的部件(Please write down the common component in the following characters)：

哭 厌：_____   臭 鼻：_____

狂 猴：_____

四、选词填空(Fill in the blanks with the appropriate words)：

1. 妈妈对他的印_____很(hěn, very)好。

    a. 象   b. 像

2. _____很可爱，_____很可怕。

    a. 狗熊   b. 能猫   c. 狗能   d. 熊猫

八

185

第四课　毛、鸟和虎
Lesson 4　Hair, Bird and Tiger

汉字和汉语词汇
Chinese Characters and Words

毛 Hair

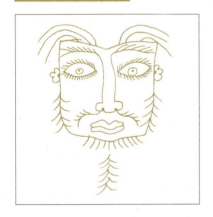

古文字形是眉毛、头发或兽毛的形象。

The ancient character is like the eyebrow, hair and fur in ancient Chinese.

毛　毛　ノ　二　三　毛

毛	máo	（名）	hair
毛	máo	（量）	mao, fractional unit of RMB, =1/10 yuan
毛病	máobìng	（名）	trouble; mistake
羊毛	yángmáo	（名）	sheep's wool

革 Leather

把兽皮剥下，去毛、晒干后就制成"革"。

Take the skin off an animal, get rid of its hairs, and dry it in the sun, and you have the original meaning of "革".

| 革 | 一 十 艹 艹 芇 芇 芇 莒 革 |

皮革　　pígé　　（名）　　leather; tanned hide

| 鞋 | 一 十 艹 艹 芇 芇 芇 莒 革 革 革 鞒 鞋 鞋 鞋 鞋 |

鞋　　xié　　（名）　　shoe
皮鞋　　píxié　　（名）　　leather shoes

鸟 Bird

古文字形象长着翅膀的鸟的形象。用作偏旁，多写在字的右边，也可以写在字的下边，表示各种各样的鸟以及与之相关的事物。

字形繁体为"鳥"，简化作"鸟"。

The ancient character is like a bird with wings. When used as a radical, it can be put on the right, or at the bottom, meaning various kinds of birds, or things related with birds.

The classical version is "鳥", the simplified version is "鸟".

乌 乌 ⺉ ㇠ 勺 乌 乌　　乌 乌 乌

乌　niǎo　（名）　bird

乌鸦一身黑色的羽毛，使人看不出它的眼睛，所以和鸟相比，乌鸦的"乌"少了一个象征眼睛的"、"。

The difference between "乌" and "鸟" is that "鸟" has an eye drawn in while "乌" does not. "乌" depicts a bird covered in long, black feathers, making it impossible to see the eye, as found in the word "乌鸦", meaning "crow".

乌 乌 ⺉ ㇠ 勺 乌 乌　　乌 乌 乌

鸦 鸦 一 二 于 牙 牙 犭 犭 鸦 鸦　　鸦 鸦 鸦

乌鸦　　wūyā　　（名）　crow
乌鸦嘴　wūyāzuǐ　（名）　terrible gossip
乌龟　　wūguī　（名）　tortoise

• 龟 龟 ⺉ ㇠ ⺈ 台 台 白 龟　　龟 龟 龟

鸡 鸡 フ 又 又 ⺈ 鸡 鸡 鸡　　鸡 鸡 鸡

鸡　jī　（名）　chicken

鸡蛋　　　　　jīdàn　　　　（名）　　egg

鸭　　丨冂日日甲甲'甴'鸭
鸭鸭

鸭　　　　　　yā　　　　　（名）　　duck
鸭蛋　　　　　yādàn　　　　（名）　　duck's egg

离　　丶亠产文这卤离离
离离

离　　　　　　lí　　　　　（动、介）　leave; from
离开　　　　　líkāi　　　　　　　　　leave

飞 Fly

古文字形象鸟张开翅膀奋飞。字形繁体为"飛"，简化作"飞"。

The ancient character resembles a flying bird with wings spread out. The classical version is "飛", later simplified as "飞".

飞　　乙飞飞

飞　　　　　　fēi　　　　　（动）　　fly
飞机　　　　　fēijī　　　　（名）　　airplane
飞机场　　　　fēijīchǎng　（名）　　airport

● 场　　一十土圹场场

羽 Feather

古文字形象鸟的羽毛或昆虫的翅膀。

The ancient character resembles a bird's feathers or the wings of an insect.

| 羽 | 羽 | 丁 刁 刁 羽 羽 羽 | 羽 羽 羽 |

羽毛　　yǔmáo　　（名）　　feather

| 翻 | 翻 | 一 丆 丆 三 平 来 来 来 番 番 番 番 番 翻 翻 翻 翻 | 翻 翻 翻 |

翻　　　fān　　　（名）　　turn off
翻译　　fānyì　　（动、名）　translate; translation

• 译　译　　丶 讠 讠 讠 诃 泽 译　　译 译 译

万 Scorpion

古文字形象蝎子。字形繁体作"萬",简化作"万"。

The ancient character resembles a scorpion. The classical version is "萬", the simplified version is "万".

万　一丅万

| 万 | wàn | （数） | ten thousand |
| 千万 | qiānwàn | （副） | by all means |

虎 Tiger

古文字形象一只老虎的侧面形象，表示老虎。用作偏旁，往往写作"虍"，称作"虎字头"。有时也可以近似地表示字的读音。

The ancient character is like the profile of a tiger, meaning tiger. When used as a radical, it's written as "虍", called "huzitou". Sometimes it's used to suggest the pronunciation.

虎　丨　卜　卢　产　卢　虎　虎

| 老虎 | lǎohǔ | （名） | tiger |
| 马虎 | mǎhu | （形） | careless |

虑　丨　卜　卢　产　卢　虎　虎　虑　虑

| 考虑 | kǎolǜ | （动） | consider |

练习
Exercises

一、请用汉语写出动物园里的动物（Please write down the animals in the zoo in Chinese）：

① _____ ② _____ ③ _____
④ _____ ⑤ _____ ⑥ _____
⑦ _____

二、请指出下列每组汉字中共有的部件（Please write down the common component in the following characters）：

鸡 鸭：_____   虎 虑：_____

三、请用汉语写出农场里的动物 (Please write down the animals in the farm in Chinese)：

① _____
② _____
③ _____
④ _____
⑤ _____
⑥ _____
⑦ _____
⑧ _____
⑨ _____

四、用所给汉字组成词语 (Form words with the given characters)：

乌：_____ _____

飞：_____ _____

毛：_____ _____

虎：_____ _____

五、选词填空 (Fill in the blanks with the appropriate words)：

1. 这儿的_____蛋很有名，你吃一个吧。

　　a. 鸭　　　b. 鸦

2. 动物园里有两只大_____龟。

　　a. 乌　　　b. 鸟

3. 请你_____一下他的意见。

　　a. 老虎　　b. 老虑　　c. 考虚　　d. 考虑

4. 这只_____五百岁了。

　　a. 鸟角　　b. 鸟龟　　c. 乌龟　　d. 乌角

第五课　贝
Lesson 5　Shell

汉字和汉语词汇
Chinese Characters and Words

贝 Shell

古文字形象贝壳的形状。古代曾用贝壳作货币，所以用"贝"作偏旁的字多与买卖有关，一般写在字的左边或下边。字形繁体为"貝"，简化作"贝"。

The ancient character is like the shape of a shell. Shells were used as currency in old times, hence "贝" is related to business tractions, it's usually put on the left or underneath other characters. The classical form is "貝", and now it's simplified to the form "贝".

贝　丨冂贝贝　贝贝贝

贝壳　bèiké　（名）　shell

• 壳　一十士声声壳　壳壳壳

第八单元 动物

员	丶 口 口 尸 尸 员 员

服务员	fúwùyuán	（名）	attendant; assistant
运动员	yùndòngyuán	（名）	sportsman; athlete
成员	chéngyuán	（名）	member
演员	yǎnyuán	（名）	actor; actress

• 演　丶 丶 氵 氵 汒 汒 汒 泞 泞 渖 渖 演 演

• 负　丿 勹 ⺈ 夕 负 负

责	一 = ‡ 丰 主 责 责 责

| 负责 | fùzé | （动） | to take responsibility |

贵	丶 口 口 中 虫 虫 贵 贵 贵

| 贵 | guì | （形） | expensive |

费	一 ⊐ 弓 弓 弗 弗 弗 费 费

费	fèi	（名）	fee; charge
公费	gōngfèi	（名）	on public expenses
学费	xuéfèi	（名）	tuition
自费	zìfèi	（名）	out of one's own pocket
浪费	làngfèi	（动）	waste

195

- 浪

货

货	huò	（名）	goods
货币	huòbì	（名）	currency
百货	bǎihuò	（名）	all kinds of goods
售货员	shòuhuòyuán	（名）	salesclerk

- 售

购

| 购买 | gòumǎi | （名） | to purchase; to buy |
| 购物中心 | gòuwù zhōngxīn | | shopping center |

赛

| 比赛 | bǐsài | （动、名） | go play games; game |

赢

| 赢 | yíng | （动） | win |

婴

| 婴儿 | yīng'ér | （名） | infant |

练习
Exercises

一、按照笔画由少到多排列下面的汉字(Re-match the characters according to their amount of strokes)

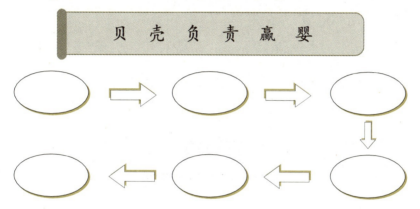

二、请指出下列每组汉字中共有的部件 (Please write down the common component in the following characters):

懒 嗽：_____　　赛 演：_____

货 责：_____　　要 婴：_____

三、用所给汉字组成词语(Form words with the given characters):

员：_____　_____

费：_____　_____

货：_____　_____

四、选词填空(Fill in the blanks with the appropriate words):

1. 谁看_____了我的_____壳?
   a. 贝　　b. 见

2. 餐厅里的服_____员听不懂我说的中文,真急死我了。
   a. 雾　　b. 务　　c. 穷　　d. 物

3. 她是我最喜欢的演_____。
   a. 负　　b. 员

4. 这儿的东西不_____。
   a. 责　　b. 贵

5. 小姑_____对我说:"_____费_____食多不好呀!"。
   a. 粮　　b. 浪　　c. 娘

基础知识
Basic Knowledge

汉字的书写规律・横的变化
Conventions of Writing Chinese Characters・Variations of the Horizontal Stroke

最后一笔是横的部件,写在字的左边或左下方时,横写作提,例如:

When the last stroke is a part of a horizontal stroke, put on the left of or underneath a character, the horizontal stroke is changed into a rising stroke:

子—孩:　子 + 亥　　　　立—站:　立 + 占

耳—职:　耳 + 只　　　　工—式:　工 + 戈

止—此：止 + 匕　　　　牛—物：牛 + 勿
马—骑：马 + 奇　　　　鱼—鲜：鱼 + 羊
土—地：土 + 也　　　　车—辆：车 + 两
王—现：王 + 见　　　　革—鞋：革 + 圭

简繁对照

Comparison of Simplified Characters and Classical Characters

动—動	园—園	诉—訴	广—廣
马—馬	骑—騎	骂—罵	鱼—魚
鲜—鮮	丽—麗	国—國	虫—蟲
乱—亂	话—話	适—適	为—為
厌—厭	龙—龍	乌—烏	乌—烏
鸦—鴉	龟—龜	鸡—鷄	鸭—鴨
离—離	飞—飛	场—場	译—譯
万—萬	贝—貝	员—員	负—負
责—責	贵—貴	费—費	货—貨
购—購	赛—賽	赢—贏	婴—嬰

第九单元　植物
Unit 9　Plants

第一课 木（一）
Lesson 1　Wood（Ⅰ）

木 Wood

上象枝叶下象根，古文"木"象"树"的形状。用作偏旁，多写在字的左边或右边，也可写在字的下边，多表示与树木有关的事物。

The top looks like leaves and branches and the bottom looks like the root. It is the image of a tree in ancient Chinese. It's used as a radical, usually put on the left or right; also put at the bottom indicating relation to things associated with the tree.

木　　　mù　　　（名）　　　wood

休 Rest

背靠大树休息、乘凉。

Good to lean against tree to rest and enjoy the cool.

九

203

休 休 ノ 亻 仁 什 休 休   休 休 休

| 休息 | xiūxi | （动） | to rest |
| 退休 | tuìxiū | （动） | to retire |

• 息 息 ′ ′ ′ 自 自 自 自 息 息 息   息 息 息

• 退 退 ⁊ ⁊ ⊐ 艮 艮 艮 退 退 退   退 退 退

未 未 一 二 十 才 未   未 未 未

| 未 | wèi | （副） | not yet; not |

味 味 丨 冂 口 口² 吁 咊 味   味 味 味

味道	wèidao	（名）	taste; flavour
口味	kǒuwèi	（名）	taste of food
风味	fēngwèi	（名）	flavour

末 End

"一"加在"木"的上边，古文"末"是"树梢"的意思。因为是树梢，"末"就是"最后"的意思，例如周末等。

An indicator "一" added to the top of "木" indicates the top of a tree, which is the meaning of this character in ancient Chinese. From this is derived its meaning as "最后(last)", for example, "周末(weekend)", etc.

第九单元 植物

末 一 二 丰 未 末
周末　　zhōumò　　（名）　weekend

● 周 丿 冂 冃 冃 用 用 周 周

术 一 十 才 木 术
手术　　shǒushù　　（名）　operation
技术　　jìshù　　（名）　technology

● 技 一 十 扌 扌 扩 抃 技

本 Root

指事性符号 "–" 用在 "木" 下表示 "树根"：本。

The indication symbol "–" put at the bottom of "木" indicating "the root of a tree": root.

本 一 十 才 木 本
本　　běn　　（量）　*a measure word for book, magazine, etc.*
本子　　běnzi　　（名）　exercise book

205

课本　　　kèběn　　　（名）　　textbook

体　ノ 亻 亻 什 什 休 体

身体　　　shēntǐ　　（名）　　body
体育　　　tǐyù　　　（名）　　sports

● 育　　一 亠 云 产 育 育 育

束 Tie

"木"中加了一个圆圈,表示捆住。

A circle added to the middle of wood, indicating a bunch.

束　一 厂 戸 冃 申 束 束

束　　　　shù　　　（量）　　a measure word for flower

嗽　丨 口 口 口 吖 吁 吁 唎 咻 嗾 嗽 嗽

咳嗽　　　késou　　（动）　　to cough

● 咳　丨 口 口 口 叮 吃 吃 咳 咳

206

采 Pick

用手采摘果子。
Picking fruits by hand.

采

| 采 | cǎi | （动） | to pick |
| 采访 | cǎifǎng | （动） | interview |

● 访

彩

| 彩色 | cǎisè | （名） | colors |
| 精彩 | jīngcǎi | （形） | wonderful; fantastic |

● 精

条

条	tiáo	（量）	a measure word for sth. narrow or thin and long
面条	miàntiáo	（名）	noodles
条件	tiáojiàn	（名）	condition

假条　　　jiàtiáo　　　（名）　proof for leave

杂　ノ 九 九 卆 杂 杂

杂志　　　zázhì　　　（名）　magazine
杂技　　　zájì　　　（名）　acrobatics
复杂　　　fùzá　　　（形）　complicated

• 志　一 十 士 志 志 志 志

练习
Exercises

一、连连看(Link the characters and the *Pinyin*)：

采　　　　tiáo
杂　　　　cǎi
条　　　　zá

木　　　　běn
末　　　　mò
未　　　　mù
术　　　　shù
本　　　　wèi

二、按照笔画由少到多排列下面的汉字(Re-match the characters according to their amount of strokes)

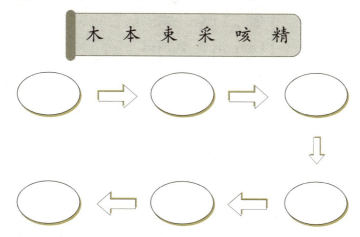

木 本 束 采 咳 精

三、用所给汉字组成词语(Form words with the given characters):

体:＿＿＿＿＿＿ ＿＿＿＿＿＿

条:＿＿＿＿＿＿ ＿＿＿＿＿＿

彩:＿＿＿＿＿＿ ＿＿＿＿＿＿

杂:＿＿＿＿＿＿ ＿＿＿＿＿＿

四、选词填空(Fill in the blanks with the appropriate words):

1. 我有一本中文＿＿＿＿志。

    a. 条   b. 杂   c. 朵   d. 采

2. 她病了,要＿＿＿＿息几天。

    a. 休   b. 体

3. ＿＿＿＿子最近老＿＿＿＿嗽,应＿＿＿＿去看大夫。

    a. 孩   b. 该   c. 咳   d. 赅

4. 这个周＿＿＿＿我要去听音乐。

    a. 木   b. 未   c. 末   d. 本

第二课 木（二）
Lesson 2 Wood（Ⅱ）

汉字和汉语词汇
Chinese Characters and Words

果 Fruit

古文字形象树上长着的成熟的果实，这就是水果的"果"。

The ancient character resembles ripe fruits in a tree.

果　一 冂 曰 日 旦 甲 果 果

| 水果 | shuǐguǒ | （名） | fruit |
| 如果 | rúguǒ | （连） | if |

• 水　亅 刁 水 水

• 如　く 夂 女 如 如 如

第九单元 植物

棵 一十十十十十十七柯柯柯 棵棵棵
   柯柯柯棵

棵　　　kē　　　（量）　　a measure word for tree

林 Woods

独木不成林,古文用双"木"来表示成片的树林。

A single piece of wood does not form a woods. Two trees were used in ancient Chinese to express the idea of "woods".

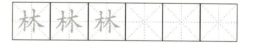

树 一十十十十十权权树 树树树
   树

树　　　shù　　　（名）　　tree
树木　　shùmù　　（名）　　trees
树林　　shùlín　　（名）　　woods

• 林 一十十十十十木材 林林林
    林

集 Gather

古文字形象群鸟(即"隹")在树上,是鸟在树上休息的意思。

In ancient script, "集" is written as "隹(a bird)" on top of a tree, indicating that birds go to rest in the trees.

集　丨 亻 亻 亻 亻 亻 佳
　　隹 隼 集 集

集合　jíhé　（动）　to gather

森 Forest

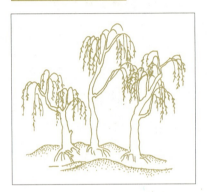

古文字形用三个"木"表示多而密的森林。

Three trees were used in ancient Chinese to indicate dense forest.

森　一 十 才 木 木 杢 枩 枩
　　枩 森 森 森

森林　sēnlín　（名）　forest

根　一 十 才 木 朼 朾 朾 根
　　根 根

根　gēn　（量）　a measure word for long thin piece

树根　shùgēn　（名）　root of a tree

植　一 十 才 木 朼 朼 朼
　　柿 柿 植 植

植物　zhíwù　（名）　plant
植物园　zhíwùyuán　（名）　botanical garden

第九单元 植物

板 板 一 十 才 木 木 朽 板 板

| 老板 | lǎobǎn | （名） | boss |

校 校 一 十 才 木 木 术 朽 朽 桥 校

| 学校 | xuéxiào | （名） | school |
| 校长 | xiàozhǎng | （名） | principal |

村 村 一 十 才 木 木 村 村

| 农村 | nóngcūn | （名） | rural areas; countryside |
| 村子 | cūnzi | （名） | village |

• 农 农 ' 一 少 屮 农 农

样 样 一 十 才 木 木 术 术 栏 样

样子	yàngzi	（名）	looks
一样	yíyàng	（形）	same
怎么样	zěnmeyàng	（代）	how

机 机 一 十 才 木 机 机

| 司机 | sījī | （名） | driver |
| 机器 | jīqì | （名） | machine |

• 司 司 丨 丆 ョ 司 司

213

器 器 ㅣ ㅁ ㅁ ㅁ ㅁ ㅁ 吅 吅
哭 哭 哭 哭 哭 器 器 器

桥 桥 一 十 才 木 𣎴 朾 朾 杯
桥 桥 桥

| 桥 | qiáo | （名） | bridge |
| 立交桥 | lìjiāoqiáo | （名） | cloverleaf |

立 立 ` 一 二 亠 立

练习
Exercises

一、按照笔画由少到多排列下面的汉字（Re-match the characters according to their amount of strokes）

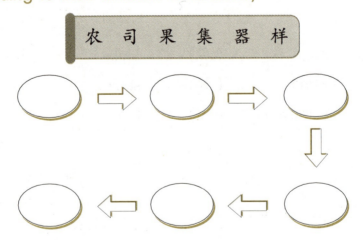

二、用所给汉字组成词语（Form words with the given characters）：

机：＿＿＿＿＿　＿＿＿＿＿

果：_____ _____

样：_____ _____

村：_____ _____

三、请指出下列每组汉字中共有的部件（Please write down the common component in the following characters）：

鲜　样：_____　　　精　情：_____

须　彩：_____　　　校　饺：_____

四、选词填空(Fill in the blanks with the appropriate words)：

1. 我的_____睛_____痛，我要_____妈妈去看大夫。

　　a. 根　　　b. 眼　　　c. 跟　　　d. 很

2. 爸爸的头上有几_____白头发。

　　a. 跟　　　b. 根　　　c. 很　　　d. 眼

3. 这两种植物一_____吗？

　　a. 样　　　b. 鲜　　　c. 群

第三课 木 (三)
Lesson 3　Wood（Ⅲ）

汉字的派生笔画
Derivative Strokes of Chinese Characters

横折折撇 héngzhézhépiě

汉字和汉语词汇
Chinese Characters and Words

概　一十才木木 杧 杧 枦 枹 梎 椴 椴 概

| 大概 | dàgài | （形） | probably; most likely |

杯　一十才木 朴 杯 杯

杯	bēi	（名、量）	cup
杯子	bēizi	（名）	cup
干杯	gān bēi		cheers

椅　一十才木 朴 杧 柠 椅 梳 椅 椅

| 椅子 | yǐzi | （名） | chair |

桌　丨 ⺊ ⺊ 占 占 卢 卓 桌 桌

| 桌子 | zhuōzi | （名） | desk; table |

相 Mutually

古文字形意味着"盲人的手杖","木"是代替眼睛"目"探路的木棍。
The ancient character resembles a blind person's walking cane: "木(wood)" is the substitute of "目 (eyes)" for walking.

相　一十才木木机机相相相

互相	hùxiāng	（副）	each other
相同	xiāngtóng	（形）	same
相信	xiāngxìn	（动）	to believe

● 互　一丁互互

楼　一十才木木术术杵杵栏楼楼楼

| 楼 | lóu | （名） | building |

桔　一十才木木杜桔桔桔

| 桔子 | júzi | （名） | orange |

查　一十才木木杏杏查

检　一十才木木杧杧柃检检检

| 查 | chá | （动） | to look up |
| 检查 | jiǎnchá | （动） | to check |

格

| 及格 | jí gé | | to pass a test, examination, etc. |
| 价格 | jiàgé | （名） | price |

• 及

• 价

极

极	jí	（副）	extremely
……极了	jíle		to the utmost extent
太极拳	tàijíquán	（名）	*taijiquan*

• 拳

西 West

古文字形象鸟巢，是鸟在树上栖息的意思。

The concept of a bird's nestle is defined in ancient Chinese by putting a bird on top of a tree.

第九单元 植物

西 | 一 ㄏ 厂 丙 西 西

西	xī	（名）	west
西北	xīběi	（名）	northwest
西边	xībian	（名）	west
西餐	xīcān	（名）	western food
东西	dōngxi	（名）	stuff; thing
西服	xīfú	（名）	Western suit
西红柿	xīhóngshì	（名）	tomato

- 东 一 ㄷ 车 东 东
- 红 ㄠ ㄠ 纟 纟 红 红
- 柿 一 十 扌 木 朩 柿 柿 柿 柿

片 丿 丿' 丿'' 片

| 片 | piàn | （名、量） | slice |
| 相片 | xiàngpiàn | （名） | photo |

版 丿 ㄏ 爿 爿 爿' 版 版

| 出版 | chūbǎn | （动） | to publish |

九

练习
Exercises

一、连连看(Link the characters and the *Pinyin*)：

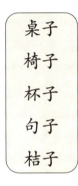

二、按照笔画由少到多排列下面的汉字(Re-match the characters according to their amount of strokes)：

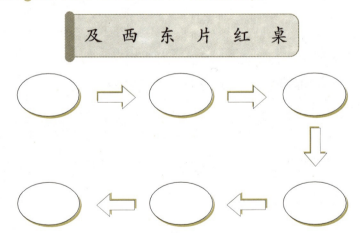

三、用所给汉字组成词语(Form words with the given characters)：

杯：_____ _____

相：_____ _____

西：＿＿＿＿＿　＿＿＿＿＿

四、请指出下列每组汉字中共有的部件（Please write down the common component in the following characters）：

楼　要：＿＿＿＿　　　板　版：＿＿＿＿

拳　拿：＿＿＿＿　　　相　看：＿＿＿＿

五、选词填空(Fill in the blanks with the appropriate words)：

1. 她这次汉字考试怎么会不及＿＿＿＿呢？
   a. 格　　　b. 路　　　c. 客
2. 我和爸爸一起去＿＿＿＿马。
   a. 椅　　　b. 骑　　　c. 奇
3. 小猫坐在＿＿＿＿子上。
   a. 椅　　　b. 骑　　　c. 奇
4. 他的新书马上就要出＿＿＿＿了。
   a. 板　　　b. 版

第四课 草
Lesson 4 Grass

汉字和汉语词汇
Chinese Characters and Words

草 Grass

古文字形象两株初生的草，是草的意思。用作偏旁，写在字的上边，作"艹"，称作"草字头"或"草头儿"，表示与草本植物有关的事物。

The ancient character resembles the shape of two shoots of young necks, meaning the grass. When used as a radical, it is often at the top of a character, written as "艹", called "the head of grass", referring to things related with plants.

草	cǎo	（名）	grass
草莓	cǎoméi	（名）	strawberry
草包	cǎobāo	（名）	idiot; good-for-nothing

菜	cài	（名）	vegetable; dish
蔬菜	shūcài	（名）	vegetable
白菜	báicài	（名）	Chinese cabbage
饭菜	fàncài	（名）	food; meal
菜花	càihuā	（名）	cauliflower
拿手菜	náshǒucài	（名）	the dish one can cook best

花	huā	（名、动）	flower; blossom; spend
鲜花	xiānhuā	（名）	flower
花生	huāshēng	（名）	peanut
花白	huābái	（形）	grey
花花公子	huāhuā gōngzǐ		playboy

茶	chá	（名）	tea
茶叶	cháyè	（名）	tea; tea leaves
花茶	huāchá	（名）	scented tea; jasmine tea
红茶	hóngchá	（名）	black tea
绿茶	lǜchá	（名）	green tea

• 绿

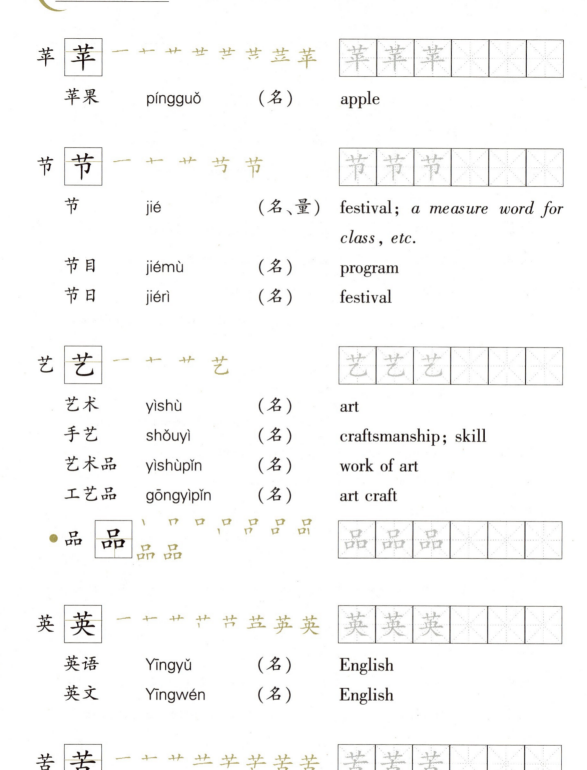

| 苹 | 苹果 | píngguǒ | （名） | apple |

节	节	jié	（名、量）	festival; *a measure word for class, etc.*
	节目	jiémù	（名）	program
	节日	jiérì	（名）	festival

艺	艺术	yìshù	（名）	art
	手艺	shǒuyì	（名）	craftsmanship; skill
	艺术品	yìshùpǐn	（名）	work of art
	工艺品	gōngyìpǐn	（名）	art craft

• 品

| 英 | 英语 | Yīngyǔ | （名） | English |
| | 英文 | Yīngwén | （名） | English |

| 苦 | 苦 | kǔ | （形） | bitter |
| | 辛苦 | xīnkǔ | （形、动） | hard; go to trouble |

第九单元 植物

痛苦　　　tòngkǔ　　　（形）　　painful
艰苦　　　jiānkǔ　　　（形）　　painful

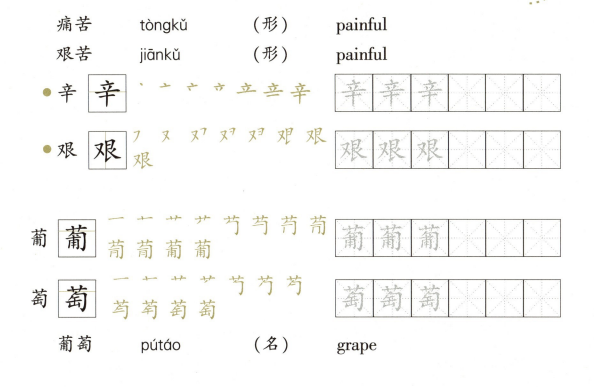

葡萄　　　pútáo　　　（名）　　grape

练习
Exercises

一、连连看(Link the characters and the *Pinyin*)：

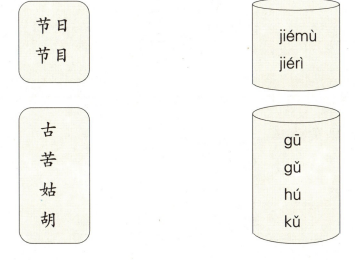

225

二、按照笔画由少到多排列下面的汉字(Re-match the characters according to their amount of strokes)

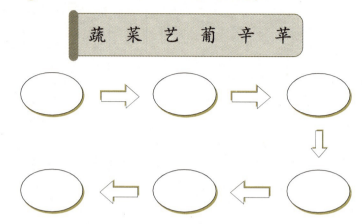

蔬 菜 艺 葡 辛 苹

三、用所给汉字组成词语(Form words with the given characters)：

花：_____ _____

茶：_____ _____

菜：_____ _____

苦：_____ _____

四、请指出下列每组汉字中共有的部件 (Please write down the common component in the following characters)：

茶 杂：_____　　苦 姑：_____

草 章：_____　　红 绿：_____

五、选词填空(Fill in the blanks with the appropriate words)：

1. 这是妈妈买的工_____品。

　　a. 艺　　　　b. 亿　　　　c. 忆

2. 我想吃蔬_____。

　　a. 采　　　　b. 彩　　　　c. 菜

3. 今天的_____很好看。
   a. 节目　　　b. 节日

4. 你喜欢吃红_____果还是绿_____果？
   a. 平　　　　b. 苹　　　　c. 评

5. 这个菜的_____道怎么样？
   a. 未　　　　b. 妹　　　　c. 味

第五课 竹子
Lesson 5　Bamboo

汉字和汉语词汇
Chinese Characters and Words

竹 Bamboo

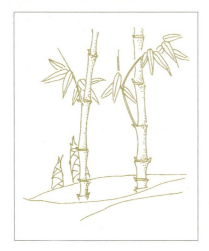

古文字形象两枝带有竹叶的竹枝，是竹子的意思。用作偏旁，一般写在字的上边，作"⺮"，称为"竹字头"，多表示各种竹制品以及其他与竹子有关的事物。

The ancient character resembles two bamboo branches with leaves in ancient Chinese, meaning the bamboo. When used as a radical, this usually put on the top of a character, written as "⺮", called "the head of bamboo", indicating things made of bamboo or related to bamboo.

竹　ノ ト 仁 仁 竺 竹

竹子　zhúzi　（名）　bamboo

笔 Pen

上边是竹子，下面是动物的毛，字形象中国古代的书写工具"毛笔"。字形繁体为"筆"，简化作"笔"。

The upper part indicates bamboo, the latter part indicates the animals' fur; that is how the ancient Chinese writing tool, writing brush. The classical version is "筆", and the simplified version is "笔".

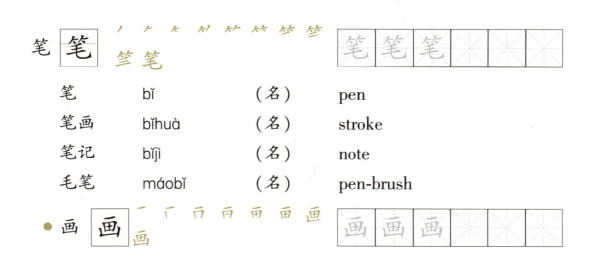

笔	bǐ	（名）	pen
笔画	bǐhuà	（名）	stroke
笔记	bǐjì	（名）	note
毛笔	máobǐ	（名）	pen-brush

● 画

| 签名 | qiān míng | | sign one's name |
| 签证 | qiānzhèng | （名） | visa |

● 名

● 证

事 Things

右手拿着写满了文字的简策。
The right hand holding bamboo slip on which Chinese characters are written.

事	shì	（名）	things
事情	shìqing	（名）	thing; matter
本事	běnshi	（名）	capability

使	shǐ	（动）	make; cause
大使	dàshǐ	（名）	ambassador
大使馆	dàshǐguǎn	（名）	embassy

| 筷子 | kuàizi | （名） | chopsticks |

| 箱子 | xiāngzi | （名） | box; case |
| 信箱 | xìnxiāng | （名） | mail box |

第九单元 植物

等 | 等 | 𠂉 𠂉 𠂉 𠂉 竹 竹 竹 竹 竿 竿 等 等

| 等 | děng | （动） | wait |
| 等等 | děngděng | （助） | etc. |

算 | 算 | 𠂉 𠂉 𠂉 𠂉 竹 竹 竹 笴 笴 笴 笪 算 算

打算	dǎsuan	（动、名）	plan
计算机	jìsuànjī	（名）	computer
算了	suànle		let it go

笑 | 笑 | 𠂉 𠂉 𠂉 𠂉 竹 竹 竹 竿 笑

笑	xiào	（动）	smile; laugh
笑话	xiàohua	（名、动）	joke; laugh at
好笑	hǎoxiào	（形）	funny

筑 | 筑 | 𠂉 𠂉 𠂉 𠂉 竹 竹 竹 竿 筑 筑

| 建筑 | jiànzhù | （名） | building |

• 建 | 建 | ⁻ ⁺ ㇕ ㇌ ㇌ 聿 建 建

生 Grow

古文字形象草木初生的样子。

The ancient character resembles the new grass that has just come out of the ground.

| 生 | 生 | ノ ㇐ 厂 牛 生 | 生 生 生 |

| 生日 | shēngrì | （名） | birthday |

| 姓 | 姓 | ㇛ 女 女 女 如 如 姓 姓 | 姓 姓 姓 |

姓	xìng	（动、名）	have the family name of; family name
姓名	xìngmíng	（名）	name
贵姓	guìxìng		May I know your name?
老百姓	lǎobǎixìng	（名）	common people

| 性 | 性 | ㇐ ㇑ ㇏ 忄 忄 忄 性 性 | 性 性 性 |

| 性格 | xìnggé | （名） | character |

| • 格 | 格 | ㇐ 十 十 木 木 杦 杦 格 格 格 | 格 格 格 |

| 胜 | 胜 | ノ 冂 月 月 月 肜 肵 胜 胜 | 胜 胜 胜 |

| 名胜 | míngshèng | （名） | well-known scenic spot |

九

练习
Exercises

一、连连看(Link the characters and the *Pinyin*)：

 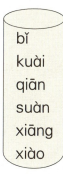

二、按照笔画由少到多排列下面的汉字(Re-match the characters according to their amount of strokes)

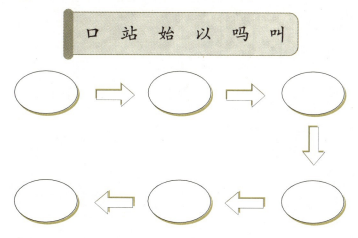

三、用所给汉字组成词语(Form words with the given characters)：

笔：_____ _____

算：_____ _____

生：_____　　_____

姓：_____　　_____

四、请指出下列每组汉字中共有的部件 (Please write down the common component in the following characters)：

茶 杂：_____　　　　苦 姑：_____

笑 筑：_____　　　　签 脸：_____

五、选词填空(Fill in the blanks with the appropriate words)：

1. 请问,您贵_____?

   a. 生　　b. 性　　c. 姓　　d. 胜

2. 那个_____子太重了。

   a. 相　　b. 箱　　c. 想　　d. 象

3. 这个孩子的脑子不_____,只是不好好儿学习。

   a. 本　　b. 休　　c. 笨　　d. 苯

4. 你会用_____子吗?

   a. 块　　b. 快　　c. 筷

第六课 粮食作物及其他
Lesson 6　Grain Crop and the Others

汉字和汉语词汇
Chinese Characters and Words

禾 Standing Grain

古文字形象谷穗下垂，是"禾苗"的意思。字形用作偏旁，可写在字的上边，也可写在字的左边，表示与粮食作物有关的事物，也可表示字的读音。

The ancient character resembles nodding ears of corn, meaning seedlings. When used as a radical; it can be put on top, or on the left, to indicate relations to crops. It also shows the pronunciation.

| 季 | 季节 | jìjié | （名） | season |

| 和 | 和 | hé | （介、连） | and; with |
| | 和平 | hépíng | （名） | peace |

香

香	xiāng	（形）	fragrant
香蕉	xiāngjiāo	（名）	banana
香菜	xiāngcài	（名）	coriander
香肠	xiāngcháng	（名）	sausage
香水	xiāngshuǐ	（名）	perfume

- 蕉
- 肠

种

种	zhǒng	（量）	kind; style; sort
各种	gèzhǒng	（代）	all kind of
种	zhòng	（动）	grow; plant

科

科学	kēxué	（名）	science

年 Year

古文字形象"人"用肩扛"禾"，表示"收成""年成"的意思。

The ancient character resembles a person carrying rice on his or her shoulders in ancient Chinese. This means harvest.

第九单元 植物

年 | 年 | ノ ┌ ┌ ┌ 上 年 | 年 年 年

年	nián	（名）	year
年龄	niánlíng	（名）	age
青年	qīngnián	（名）	youth
少年	shàonián	（名）	juvenile; teenager
今年	jīnnián	（名）	this year
去年	qùnián	（名）	last year
后年	hòunián	（名）	the year after next
过年	guò nián		celebrate the Spring Festival

- 龄 | 龄 | ノ 卜 止 止 步 步 齿 齿 齿 龄 龄 龄 龄 | 龄 龄 龄

瓜 Melon

古文字形象藤上结出的果实。
The image of ripe fruits on a vine.

瓜 | 瓜 | 一 厂 爪 瓜 瓜 | 瓜 瓜 瓜

瓜	guā	（名）	melon
西瓜	xīguā	（名）	water melon
黄瓜	huánggua	（名）	cucumber
苦瓜	kǔguā	（名）	bitter gourd
南瓜	nánguā	（名）	pumpkin

237

瓜子儿　guāzǐr　　　（名）　melon seeds
傻瓜　　shǎguā　　　（名）　idiot

- 黄　黄　一十𠀎芇芏芦芦昔苗黄黄　黄 黄 黄
- 南　南　一十𠂉内内内南南南　南 南 南
- 傻　傻　丿亻亻亻伫伯伯伯傎傻傻傻　傻 傻 傻

来 Come

古文字形象麦子的形状，是"小麦"的"麦"的最初字形。在中国古代，人们认为麦种是鸟从天上衔来的，麦子秋天下种，第二年收获，"来"就有了"来到"的"来"的意思。

字形繁体作"來"，简化作"来"。

The ancient character resembles wheat in ancient Chinese is the original form of "麦".

In ancient China, people believed that seeds were brought by birds in the sky. They grow the wheat, and harvest the next year, hence the meaning of "arrive","come" of the character "来".

The classical version is "來", and the simplified version is "来".

来 来 一 一 厂 厂 卍 쭈 来 来   来 来 来

来	lái	（动）	come
来信	láixìn	（名）	incoming letter
来自	láizì	（动）	come from
出来	chūlái	（动）	come out
回来	huílái	（动）	come back
上来	shànglái	（动）	come up
下来	xiàlái	（动）	come down
未来	wèilái	（名）	coming; future
将来	jiānglái	（名）	future

麦 麦 一 = 느 ‡ 主 圭 支 麦   麦 麦 麦

小麦	xiǎomài	（名）	wheat
麦片	màipiàn	（名）	oatmeal

齐 Neat

古文字形象吐穗的小麦高矮一边齐的样子。字形繁体为"齊",简化作"齐"。

The ancient character resembles wheat crops of the same height. The classical version is "齊", and the simplified version is "齐".

齐 齐 ` 亠 ナ 文 文 齐   齐 齐 齐

齐　　　qí　　　（形）　　all ready; in order
整齐　　zhěngqí　　（形）　　tidy

● 整　一ニ𠂉𠬶束束束敕敕敕敕敕整整整

挤　一十扌扩扩护挤挤

挤　　　jǐ　　　（形、动）　　crowd; push
拥挤　　yōngjǐ　　（形）　　crowd

● 拥　一十扌扩扩扔拥

练习
Exercises

一、请指出下列偏旁的名称和意义 (Please point out the name and meaning of the given radical):

艹　　　木字旁

⺮　　　禾木旁

木　　　草字头

禾　　　竹字头

二、连连看(Link the characters and the *Pinyin*)

瓜子儿　　　　　　guònián
后年　　　　　　　zhuǎzi
过年　　　　　　　guāzǐr
爪子　　　　　　　hòunián

三、用所给汉字组成词语(Form words with the given characters)：

香：_____　　_____

来：_____　　_____

瓜：_____　　_____

四、请指出下列每组汉字中共有的部件 (Please write down the common component in the following characters)：

香 和：_____　　　花 蕉：_____

复 麦：_____　　　挤 打：_____

五、选词填空(Fill in the blanks with the appropriate words)：

1. 你吃香_____吗?

　a. 难　　b. 蕉　　c. 集　　d. 推　　e. 谁

2. 后面有人_____了我一下。

　a. 难　　b. 蕉　　c. 集　　d. 推　　e. 谁

3. 我们爱和_____。

　a. 来　　b. 平　　c. 苹　　d. 评　　e. 齐

4. 她的房间(fángjiān room)很整_____。

　a. 齐　　b. 挤　　c. 奇

基础知识
Basic Knowledge

汉字的书写规律·捺笔的变化
Conventions of Writing Chinese Characters·
Variation of the Right Downward Stroke

包含捺笔(多为最后一笔)的部件,写在字的左边时,捺写作点,例如:

If of a character has a right downward stroke, the right downward stroke should be written as a dot, e.g.

人—从	又—难	令—领	木—校
米—精	束—嗽	禾—和	火—灯
矢—短			

最后一笔是捺的部件,写在字的左边时,捺要拉长,例如:

When components with the down-to-the-right strokes as the last stroke are put on the left, the down-to-the-right stroke should be extended a little bit longer, e.g.

| 是—题 | 走—起 | 爪—爬 | 夂—处 |

简繁对照
Comparison of Simplified Characters and Classical Characters

术—術	体—體	访—訪	条—條
杂—雜	树—樹	园—園	农—農
样—樣	机—機	桥—橋	楼—樓

价—價	极—極	东—東	红—紅
绿—綠	节—節	艺—藝	画—畫
筑—築	贵—貴	肠—腸	龄—齡
来—來	将—將	麦—麥	齐—齊
挤—擠	拥—擁		

汉字索引

字	拼音	单元-课号
A		
癌	ái	5—1
爱	ài	4—3
B		
八	bā	1—3
把	bǎ	4—1
爸	bà	2—3
白	bái	7—4
百	bǎi	7—4
摆	bǎi	6—3
板	bǎn	9—2
版	bǎn	9—3
半	bàn	2—1
包	bāo	2—3
饱	bǎo	7—3
报	bào	4—2
抱	bào	4—1
杯	bēi	9—3
悲	bēi	5—3
北	běi	2—3
贝	bèi	8—5
背	bèi/bēi	7—2
鼻	bí	3—3
比	bǐ	2—3
笔	bǐ	9—5
币	bì	3—1
毕	bì	2—3
边	biān	6—2
便	biàn	2—1
变	biàn	4—2
饼	bǐng	7—3
病	bìng	5—1
不	bù	1—4
步	bù	6—1
C		
采	cǎi	9—1
彩	cǎi	9—1
菜	cài	9—4
参	cān	4—2
餐	cān	7—3
草	cǎo	9—4
查	chá	9—3
茶	chá	9—4
差	chà	8—2

馋	chán	7—3
长	cháng/zhǎng	2—3
肠	cháng	9—6
唱	chàng	3—3
吃	chī	3—2
齿	chǐ	3—3
虫	chóng	8—2
臭	chòu	8—3
出	chū	4—2
处	chù	6—3
串	chuàn	8—2
床	chuáng	6—1
吹	chuī	3—3
唇	chún	8—1
词	cí	3—4
聪	cōng	5—3
从	cóng	2—3
村	cūn	9—2
寸	cùn	4—3

D

打	dǎ	4—1
大	dà/dài	2—1
代	dài	3—2
担	dān	5—2
蛋	dàn	7—4
当	dāng/dàng	4—3
导	dǎo	4—3
到	dào	5—3
道	dào	6—2
得	dé	4—3

的	de/dí/dì	7—4
等	děng	9—5
电	diàn	7—2
调	diào	3—4
掉	diào	4—1
丁	dīng	7—1
丢	diū	6—3
东	dōng	9—3
懂	dǒng	5—4
动	dòng	8—1
读	dú	3—4
度	dù	5—2
对	duì	4—3
顿	dùn	7—3
朵	duǒ	3—3
躲	duǒ	5—1

E

饿	è	7—3
儿	ér	1—3
耳	ěr	3—3
二	èr	1—3

F

发	fā	4—2
翻	fān	8—4
反	fǎn	4—2
饭	fàn	7—3
方	fāng	2—1
房	fáng	5—1
访	fǎng	9—1

放	fàng	5—2		各	gè	6—3
飞	fēi	8—4		根	gēn	9—2
肥	féi	7—1		跟	gēn	6—3
费	fèi	8—5		工	gōng	1—3
粉	fěn	7—4		共	gòng	4—3
愤	fèn	5—4		狗	gǒu	8—3
风	fēng	1—3		购	gòu	8—5
疯	fēng	5—1		姑	gū	2—2
夫	fū	2—1		古	gǔ	3—2
肤	fū	7—1		瓜	guā	9—6
服	fú	7—1		挂	guà	4—1
父	fù	2—3		怪	guài	5—4
付	fù	4—3		关	guān	5—2
负	fù	8—5		观	guān	4—2
复	fù	6—3		馆	guǎn	7—3
傅	fù	4—3		惯	guàn	5—3
				龟	guī	8—4
G				贵	guì	8—5
				国	guó	8—2
该	gāi	3—4		果	guǒ	9—2
概	gài	9—3		过	guò	6—2
肝	gān	7—2				
感	gǎn	5—3		**H**		
干	gàn	1—3				
高	gāo	5—1		孩	hái	2—3
糕	gāo	7—4		喊	hǎn	3—2
告	gào	8—1		好	hǎo	2—3
哥	gē	3—2		号	hào	3—2
歌	gē	3—3		喝	hē	3—2
革	gé	8—4		合	hé	8—2
格	gé	9—3		和	hé	9—6
个	gè	1—3		恨	hèn	5—4

红	hóng	9—3		技	jì	9—1
猴	hóu	8—3		季	jì	9—6
后	hòu	3—2		迹	jì	6—2
胡	hú	7—2		价	jià	9—3
虎	hǔ	8—4		假	jià	7—2
互	hù	9—3		艰	jiān	9—4
花	huā	9—4		检	jiǎn	9—3
画	huà	9—5		见	jiàn	3—1
话	huà	8—2		件	jiàn	8—1
欢	huān	4—2		建	jiàn	9—5
还	huán/hái	6—2		将	jiāng	9—6
换	huàn	4—1		讲	jiǎng	3—4
黄	huáng	9—6		交	jiāo	2—1
回	huí	5—3		蕉	jiāo	9—6
悔	huǐ	5—4		角	jiǎo	8—1
会	huì	6—3		饺	jiǎo	7—3
馄	hún	7—3		脚	jiǎo	7—1
货	huò	8—5		叫	jiào	3—2
				觉	jiào/jué	3—1/5—3
				接	jiē	4—1
J				节	jié	9—4
				姐	jiě	2—2
机	jī	4—1/9—2		今	jīn	2—1
肌	jī	7—1		近	jìn	6—2
鸡	jī	8—4		进	jìn	6—2
及	jí	9—3		京	jīng	2—3
极	jí	9—3		惊	jīng	3—1
急	jí	5—2		精	jīng	9—1
集	jí	9—2		静	jìng	7—2
几	jǐ	1—3		九	jiǔ	1—3
己	jǐ	3—3		久	jiǔ	2—3
挤	jǐ	9—6				
记	jì	3—4				

桔	jú	9—3		离	lí	8—4
举	jǔ	4—3		立	lì	9—2
句	jù	3—2		丽	lì	8—2
				粒	lì	7—4
K				俩	liǎ	2—1
开	kāi	3—2		怜	lián	5—4
看	kàn	4—1		脸	liǎn	7—1
考	kǎo	3—4		恋	liàn	5—3
科	kē	9—6		粮	liáng	7—4
棵	kē	9—2		两	liǎng	1—4
壳	ké	8—5		聊	liáo	3—3
咳	ké	9—1		料	liào	7—4
可	kě	3—2		林	lín	9—2
课	kè	3—4		龄	líng	9—6
恐	kǒng	5—4		领	lǐng	4—3
口	kǒu	3—2		六	liù	1—4
哭	kū	8—3		龙	lóng	8—3
苦	kǔ	9—4		楼	lóu	9—3
快	kuài	5—3		路	lù	6—3
筷	kuài	9—5		虑	lǜ	8—4
狂	kuáng	8—3		绿	lǜ	9—4
况	kuàng	7—2		乱	luàn	8—2
				论	lùn	3—4
L						
拉	lā	4—1		**M**		
啦	lā	4—1		妈	mā	2—2
来	lái	9—6		马	mǎ	8—1
懒	lǎn	5—4		骂	mà	8—1
浪	làng	8—5		吗	ma	3—2
老	lǎo	2—3		买	mǎi	3—1
乐	lè	5—3		麦	mài	9—6

卖	mài	3—1	难	nán	4—2
馒	mán	7—3	脑	nǎo	7—2
慢	màn	5—3	能	néng	8—3
忙	máng	5—4	你	nǐ	2—1
猫	māo	8—3	年	nián	9—6
毛	máo	3—1/8—4	念	niàn	5—2
冒	mào	5—3	娘	niáng	2—2
么	me	2—1	鸟	niǎo	8—4
眉	méi	3—1	您	nín	5—2
莓	méi	9—4	牛	niú	2—2/8—1
每	měi	2—2	农	nóng	9—2
美	měi	8—2	怒	nù	5—4
妹	mèi	2—2	女	nǚ	2—2
门	mén	1—4			
们	men	2—1		**P**	
米	mǐ	7—4	爬	pá	4—3
面	miàn	3—1	怕	pà	5—4
民	mín	3—1	拍	pāi	7—4
名	míng	9—5	旁	páng	6—2
明	míng	5—3	胖	pàng	7—1
末	mò	9—1	跑	pǎo	6—3
母	mǔ	2—2	朋	péng	4—2
木	mù	9—1	批	pī	4—1
目	mù	3—1	皮	pí	7—1
慕	mù	5—4	片	piàn	9—3
			品	pǐn	7—3
	N		平	píng	7—2
拿	ná	4—1	评	píng	4—1
奶	nǎi	2—2	苹	píng	9—4
耐	nài	5—2	葡	pú	9—4
南	nán	9—6	普	pǔ	6—2

Q

七	qī	1—3
妻	qī	4—3
齐	qí	9—6
奇	qí	5—4
骑	qí	8—1
起	qǐ	6—1
器	qì	9—2
千	qiān	1—3
签	qiān	9—5
悄	qiāo	5—4
桥	qiáo	9—2
亲	qīn	2—2
青	qīng	7—2
情	qíng	7—2
请	qǐng	7—2
球	qiú	6—3
取	qǔ	4—2
去	qù	6—3
趣	qù	6—1
拳	quán	9—3
群	qún	8—2

R

让	ràng	3—4
人	rén	1—3
认	rèn	3—4
日	rì	1—3
肉	ròu	7—1
如	rú	9—2
入	rù	3—2

S

赛	sài	8—5
三	sān	1—3
色	sè	3—1
森	sēn	9—2
傻	shǎ	9—6
山	shān	1—3
上	shàng	1—4
少	shǎo	1—4
少	shào	9—6
舌	shé	8—2
蛇	shé	8—2
射	shè	5—1
身	shēn	5—1
生	shēng	2—3/9—5
声	shēng	3—3
胜	shèng	9—5
师	shī	2—3
十	shí	1—3
什	shí	2—1
识	shí	3—4
拾	shí	4—1
食	shí	7—3
使	shǐ	9—5
始	shǐ	3—2
事	shì	9—5
试	shì	3—4
是	shì	6—1
柿	shì	9—3
适	shì	8—2
手	shǒu	4—1

首	shǒu	3—1		态	tài	5—2
受	shòu	4—3		糖	táng	7—4
售	shòu	8—5		躺	tǎng	5—1
瘦	shòu	5—1		萄	táo	9—4
书	shū	2—3		讨	tǎo	4—3
舒	shū	7—1		特	tè	8—1
蔬	shū	9—4		疼	téng	5—1
术	shù	9—1		踢	tī	6—3
束	shù	9—1		提	tí	6—1
树	shù	9—2		题	tí	6—1
双	shuāng	4—2		体	tǐ	5—1/9—1
谁	shuí	3—4		天	tiān	2—1
水	shuǐ	9—2		甜	tián	8—2
睡	shuì	3—1		条	tiáo	9—1
说	shuō	3—4		跳	tiào	6—3
司	sī	9—2		听	tīng	3—3
思	sī	5—2		停	tíng	6—1
四	sì	1—3		通	tōng	6—2
送	sòng	6—2		痛	tòng	5—1
嗽	sòu	9—1		头	tóu	3—1
诉	sù	8—1		推	tuī	4—1
算	suàn	9—5		腿	tuǐ	7—1
孙	sūn	2—3		退	tuì	9—1
				饨	tún	7—3
				脱	tuō	7—1

T

他	tā	2—1
它	tā	8—2
她	tā	2—2
台	tái	3—2
抬	tái	4—1
太	tài	2—1

W

歪	wāi	6—1
万	wàn	8—4
忘	wàng	5—2
为	wéi/wèi	8—3

251

未	wèi	9—1
位	wèi	2—1
味	wèi	9—1
胃	wèi	7—2
喂	wèi	3—2
文	wén	2—1
问	wèn	6—1
我	wǒ	2—1
乌	wū	8—4
五	wǔ	1—4
舞	wǔ	6—3

X

西	xī	9—3
息	xī	9—1
习	xí	2—3
喜	xǐ	4—2
下	xià	1—4
夏	xià	6—3
先	xiān	6—1
鲜	xiān	5—4
相	xiāng/xiàng	9—3
香	xiāng	9—6
箱	xiāng	9—5
想	xiǎng	5—3
向	xiàng	4—3
象	xiàng	8—3
像	xiàng	8—3
小	xiǎo	1—3
校	xiào	9—2
笑	xiào	9—5

些	xiē	6—1
鞋	xié	8—4
写	xiě	3—3
谢	xiè	5—1
心	xīn	1—3/5—2
信	xìn	3—4
兴	xìng	6—1
姓	xìng	9—5
性	xìng	9—5
熊	xióng	8—3
休	xiū	9—1
许	xǔ	3—4
学	xué	2—3

Y

鸦	yā	8—4
鸭	yā	8—4
牙	yá	3—3
呀	ya	3—3
言	yán	3—4
颜	yán	3—1
眼	yǎn	3—1
演	yǎn	8—5
厌	yàn	8—3
羊	yáng	8—2
样	yàng	9—2
腰	yāo	7—2
要	yào	2—2
爷	yé	2—3
也	yě	3—4
业	yè	2—1

叶	yè	9—4		远	yuǎn	6—2
页	yè	3—1		愿	yuàn	5—3
以	yǐ	3—2		月	yuè	1—3
椅	yǐ	9—3				
亿	yì	2—1			**Z**	
忆	yì	5—3				
艺	yì	9—4		杂	zá	9—1
意	yì	5—2		再	zài	3—1
因	yīn	8—3		咱	zán	3—3
音	yīn	3—3		脏	zāng	7—1
饮	yǐn	7—3		糟	zāo	7—4
印	yìn	6—3		皂	zào	7—1
应	yīng	3—4		责	zé	8—5
英	yīng	9—4		怎	zěn	5—2
婴	yīng	8—5		站	zhàn	3—2
迎	yíng	6—2		章	zhāng	3—3
赢	yíng	8—5		丈	zhàng	2—1
应	yìng	4—3		着	zháo	5—2
拥	yōng	9—6		找	zhǎo	4—1
永	yǒng	6—2		这	zhè	6—2
友	yǒu	4—2		真	zhēn	3—4
有	yǒu	7—1		争	zhēng	4—3
又	yòu	4—2		整	zhěng	9—6
右	yòu	4—2		正	zhèng	6—1
鱼	yú	8—1		证	zhèng	9—5
愉	yú	5—3		支	zhī	4—2
羽	yǔ	8—4		只	zhī	6—1
语	yǔ	3—4		职	zhí	3—3
育	yù	9—1		植	zhí	9—2
预	yù	3—1		止	zhǐ	6—1
员	yuán	8—5		只	zhǐ	3—2
				指	zhǐ	4—1

253

志	zhì	9—1		爪	zhuǎ	4—3
中	zhōng	3—2		桌	zhuō	9—3
种	zhǒng	9—6		子	zǐ	2—3
众	zhòng	4—2		自	zì	3—3
重	zhòng	2—2		总	zǒng	5—3
周	zhōu	9—1		走	zǒu	6—1
粥	zhōu	7—4		足	zú	6—3
猪	zhū	8—3		嘴	zuǐ	8—1
竹	zhú	9—5		最	zuì	4—2
主	zhǔ	5—2		左	zuǒ	4—2
筑	zhù	9—5		作	zuò	2—1
抓	zhuā	4—3				

词汇索引

词	拼音	单元-课号

A

癌	ái	5—1
爱	ài	4—3
爱情	àiqíng	7—2

B

八	bā	1—3
八十	bāshí	1—3
八月	bāyuè	1—3
吧	ba	3—2
把	bǎ	4—1
爸爸	bàba	2—3
白	bái	7—4
白菜	báicài	9—4
白天	báitiān	7—4
百	bǎi	7—4
百货	bǎihuò	8—5
摆	bǎi	6—3
半天	bàntiān	2—1
包	bāo	2—3
包子	bāozi	2—3
饱	bǎo	7—3
报	bào	4—2
报告	bàogào	8—1
抱	bào	4—1
杯子	bēizi	9—3
悲痛	bēitòng	5—3
北	běi	2—3
北边	běibiān	6—2
北方	běifāng	2—3
北方人	běifāngrén	2—3
北京	Běijīng	2—3
北面	běimiàn	3—1
贝壳	bèiké	8—5
背	bēi	7—2
背包	bēibāo	7—2
背	bèi	7—2
背后	bèihòu	7—2
本事	běnshi	9—5
鼻子	bízi	3—3
比	bǐ	2—3
比赛	bǐsài	8—5
笔	bǐ	9—5
笔画	bǐhuà	9—5
笔记	bǐjì	9—5
毕业	bì yè	2—3

255

变	biàn	4—2	长	cháng	2—3
变化	biànhuà	4—2	唱	chàng	3—3
变心	biànxīn	4—2	吃	chī	3—2
饼	bǐng	7—3	吃惊	chījīng	5—4
饼干	bǐnggān	7—3	虫牙	chóngyá	8—2
病	bìng	5—1	虫子	chóngzi	8—2
病房	bìngfáng	5—1	臭	chòu	8—3
病人	bìngrén	5—1	出版	chūbǎn	9—3
不过	búguò	6—2	出发	chūfā	4—2
不要	búyào	2—2	出来	chūlái	9—6
不	bù	1—4	出去	chūqù	6—3
不好意思	bùhǎo yìsi	5—2	处处	chùchù	6—3
不许	bùxǔ	3—4	吹	chuī	3—3
步	bù	6—1	吹牛	chuīniú	3—3
			词	cí	3—4
			聪明	cōngmíng	5—3

C

			从	cóng	2—3
采	cǎi	9—1	村子	cūnzi	9—2
采访	cǎifǎng	9—1	寸	cùn	4—3
彩色	cǎisè	9—1			
菜	cài	9—4			
菜花	càihuā	9—4			

D

参观	cānguān	4—2	打	dǎ	4—1
餐馆	cānguǎn	7—3	打算	dǎsuan	9—5
草	cǎo	9—4	大	dà	2—1
草包	cǎobāo	9—4	大概	dàgài	9—3
草莓	cǎoméi	9—4	大喊大叫	dàhǎn dàjiào	3—2
查	chá	9—3	大米	dàmǐ	7—4
茶	chá	9—4	大脑	dànǎo	7—2
茶叶	cháyè	9—4	大人	dàrén	2—1
差	chà	8—2	大使	dàshǐ	9—5
馋	chán	7—3	大使馆	dàshǐguǎn	9—5

大象	dàxiàng	8—3			**E**	
大学	dàxué	2—3	饿	è	7—3	
大学生	dàxuéshēng	2—3	儿	ér	1—3	
大夫	dàifu	2—1	儿子	érzi	2—3	
担心	dānxīn	5—2	耳朵	ěrduo	3—3	
蛋糕	dàngāo	7—4	二	èr	1—3	
当	dāng	4—3	二十	èrshí	1—3	
道	dào	6—2	二月	èryuè	1—3	
道路	dàolù	6—3				
的	de	7—4			**F**	
等	děng	9—5	发	fā	4—2	
等等	děngděng	9—5	翻	fān	8—4	
电脑	diànnǎo	7—2	翻译	fānyì	8—4	
掉	diào	4—1	反	fǎn	4—2	
掉头	diàotóu	4—1	反对	fǎnduì	4—3	
丢	diū	6—3	反面	fǎnmiàn	4—2	
丢脸	diūliǎn	7—1	饭	fàn	7—3	
东西	dōngxi	9—3	饭菜	fàncài	9—4	
懂	dǒng	5—4	饭馆	fànguǎn	7—3	
动物	dòngwù	8—1	方便	fāngbiàn	2—1	
动物园	dòngwùyuán	8—1	放心	fàngxīn	5—2	
读	dú	3—4	飞	fēi	8—4	
读书	dú shū	3—4	飞机	fēijī	8—4	
对	duì	4—3	飞机场	fēijīchǎng	8—4	
对不起	duìbuqǐ	6—1	肥	féi	7—1	
对话	duìhuà	8—2	肥大	féidà	7—1	
对象	duìxiàng	8—3	肥胖	féipàng	7—1	
顿	dùn	7—3	肥肉	féiròu	7—1	
躲	duǒ	5—1	肥皂	féizào	7—1	
			费	fèi	8—5	
			粉	fěn	7—4	

粉色	fěnsè	7—4	歌	gē	3—3
愤怒	fènnù	5—4	个	gè	1—3
风	fēng	1—3	个子	gèzi	2—3
风味	fēngwèi	9—1	各	gè	6—3
疯	fēng	5—1	各种	gèzhǒng	9—6
疯狂	fēngkuáng	8—3	根	gēn	9—2
疯子	fēngzi	5—1	跟	gēn	6—3
夫妻	fūqī	4—3	工人	gōngrén	1—3
夫人	fūrén	2—1	工艺品	gōngyìpǐn	9—4
服务员	fúwùyuán	8—5	工作	gōngzuò	2—1
父亲	fùqīn	2—3	公费	gōngfèi	8—5
付	fù	4—3	公共	gōnggòng	4—3
付出	fùchū	4—3	公路	gōnglù	6—3
负责	fùzé	8—5	狗	gǒu	8—3
复习	fùxí	6—3	狗熊	gǒuxióng	8—3
复印	fùyìn	6—3	购买	gòumǎi	8—5
复杂	fùzá	9—1	购物中心	gòuwùzhōngxīn	8—5
			姑姑	gūgu	2—2
			姑娘	gūniang	2—2
G			古代	gǔdài	3—2
			古迹	gǔjì	6—2
该	gāi	3—4	瓜	guā	9—6
干杯	gānbēi	9—3	瓜子儿	guāzǐr	9—6
肝	gān	7—2	挂	guà	4—1
感到	gǎndào	5—3	挂号	guàhào	4—1
感觉	gǎnjué	5—3	怪	guài	5—4
感冒	gǎnmào	5—3	关心	guānxīn	5—2
感情	gǎnqíng	7—2	观看	guānkàn	4—2
感谢	gǎnxiè	5—3	观众	guānzhòng	4—2
感兴趣	gǎn xìngqù	6—1	惯	guàn	5—3
干	gàn	1—3	广告	guǎnggào	8—1
告诉	gàosu	8—1			
哥哥	gēge	3—2			

贵	guì	8—5
贵姓	guìxìng	9—5
过	guò	6—2
过年	guònián	9—6
过去	guòqù	6—3
过去	guòqu	6—3

H

孩子	háizi	2—3
喊	hǎn	3—2
喊叫	hǎnjiào	3—2
好	hǎo	2—3
好吃	hǎochī	3—2
好处	hǎochu	6—3
好喝	hǎohē	3—2
好久	hǎojiǔ	2—3
好看	hǎokàn	4—1
好像	hǎoxiàng	8—3
好笑	hǎoxiào	9—5
好些	hǎoxiē	6—1
号	hào	3—2
喝	hē	3—2
合适	héshì	8—2
和	hé	9—6
和平	hépíng	9—6
恨	hèn	5—4
红茶	hóngchá	9—4
猴子	hóuzi	8—3
后	hòu	3—2
后边	hòubiān	6—2
后代	hòudài	3—2

后悔	hòuhuǐ	5—4
后面	hòumiàn	3—2
后年	hòunián	9—6
后天	hòutiān	3—2
胡说	húshuō	7—2
胡子	húzi	7—2
互相	hùxiāng	9—3
花	huā	9—4
花白	huābái	9—4
花茶	huāchá	9—4
花花公子	huāhuā-gōngzǐ	9—4
花生	huāshēng	9—4
话	huà	8—2
欢迎	huānyíng	6—2
还	hái	6—2
还是	háishì	6—2
还	huán	6—2
换	huàn	4—1
黄瓜	huángguā	9—6
回来	huílái	9—6
回去	huíqù	6—3
回忆	huíyì	5—3
馄饨	húntun	7—3
货	huò	8—5
货币	huòbì	8—5

J

……极了	jíle	9—3
机器	jīqì	9—2
肌肉	jīròu	7—1
鸡	jī	8—4

鸡蛋	jīdàn	8—4	节	jié	9—4
及格	jígé	9—3	节目	jiémù	9—4
极	jí	9—3	节日	jiérì	9—4
急	jí	5—2	姐	jiě	2—2
急忙	jímáng	5—4	今年	jīnnián	9—6
集合	jíhé	9—2	今天	jīntiān	2—1
几	jǐ	1—3	近	jìn	6—2
挤	jǐ	9—6	进	jìn	6—2
计算机	jìsuànjī	9—5	进步	jìnbù	6—2
记忆	jìyì	5—3	进去	jìnqù	6—3
技术	jìshù	9—1	精彩	jīngcǎi	9—1
季节	jìjié	9—6	静	jìng	7—2
价格	jiàgé	9—3	九	jiǔ	1—3
艰苦	jiānkǔ	9—4	九十	jiǔshí	1—3
假条	jiàtiáo	9—1	九月	jiǔyuè	1—3
检查	jiǎnchá	9—3	桔子	júzi	9—3
见面	jiànmiàn	3—1	举	jǔ	4—3
件	jiàn	8—1	句	jù	3—2
建	jiàn	9—5	句子	jùzi	3—2
建筑	jiànzhù	9—5			
将来	jiānglái	9—6	**K**		
讲	jiǎng	3—4	开	kāi	3—2
交	jiāo	2—1	开始	kāishǐ	3—2
交换	jiāohuàn	4—1	看	kàn	4—1
交通	jiāotōng	6—2	看病	kànbìng	5—1
角	jiǎo	8—1	看见	kànjiàn	4—1
饺子	jiǎozi	7—3	考虑	kǎolǜ	8—4
脚	jiǎo	7—1	考试	kǎoshì	3—4
叫	jiào	3—2	科学	kēxué	9—6
接	jiē	4—1	棵	kē	9—2
接受	jiēshòu	4—3	咳嗽	késou	9—1

可爱	kě'ài	4—3
可恨	kěhèn	5—4
可怜	kělián	5—4
可怕	kěpà	5—4
可是	kěshì	6—1
可以	kěyǐ	3—2
课	kè	3—4
课文	kèwén	3—4
恐怕	kǒngpà	5—4
口	kǒu	3—2
口试	kǒushì	3—4
口味	kǒuwèi	9—1
口语	kǒuyǔ	3—4
哭	kū	8—3
哭鼻子	kūbízi	8—3
苦	kǔ	9—4
苦瓜	kǔguā	9—6
快	kuài	5—3
快餐	kuàicān	7—3
快乐	kuàilè	5—3
筷子	kuàizi	9—5

L

拉	lā	4—1
啦	lā	4—1
来	lái	9—6
来信	láixìn	9—6
来自	láizì	9—6
懒	lǎn	5—4
懒虫	lǎnchóng	8—2
浪费	làngfèi	8—5

老	lǎo	2—3
老百姓	lǎobǎixìng	9—5
老板	lǎobǎn	9—2
老虎	lǎohǔ	8—4
老人	lǎorén	2—3
老师	lǎoshī	2—3
离	lí	8—4
离开	líkāi	8—4
立交桥	lìjiāoqiáo	9—2
粒	lì	7—4
俩	liǎng	2—1
脸	liǎn	7—1
恋爱	liàn'ài	5—3
粮食	liángshi	7—4
两	liǎng	1—4
聊天儿	liáotiānr	3—3
领导	lǐngdǎo	4—3
六	liù	1—4
六十	liùshí	1—4
六月	liùyuè	1—4
龙	lóng	8—3
龙头	lóngtóu	8—3
楼	lóu	9—3
路	lù	6—3
路过	lùguò	6—3
绿茶	lǜchá	9—4
乱	luàn	8—2
论文	lùnwén	3—4

M

妈妈	māma	2—2

马	mǎ	8—1
马虎	mǎhu	8—4
马路	mǎlù	8—1
马上	mǎshàng	8—1
骂	mà	8—1
吗	ma	3—2
买	mǎi	3—1
买卖	mǎimai	3—1
麦片	màipiàn	9—6
卖	mài	3—1
馒头	mántou	7—3
慢	màn	5—3
忙	máng	5—4
猫	māo	8—3
毛	máo	8—4
毛笔	máobǐ	9—5
毛病	máobìng	8—4
眉毛	méimao	3—1
每	měi	2—2
美	měi	8—2
美国	Měiguó	8—2
美好	měihǎo	8—2
美丽	měilì	8—2
美人	měirén	8—2
美元	měiyuán	8—2
妹妹	mèimei	2—2
门	mén	1—4
米	mǐ	7—4
米饭	mǐfàn	7—4
面包	miànbāo	3—1
面粉	miànfěn	7—4
面试	miànshì	3—4
面条儿	miàntiáor	9—1
名胜	míngshèng	9—5
母亲	mǔqīn	2—2
木	mù	9—1
目的	mùdì	7—4

N

拿	ná	4—1
拿手菜	náshǒucài	9—4
奶	nǎi	2—2
奶奶	nǎinai	2—2
耐心	nàixīn	5—2
南瓜	nánguā	9—6
难	nán	4—2
难过	nánguò	6—2
难看	nánkàn	4—2
难受	nánshòu	4—3
脑子	nǎozi	7—2
呢	ne	3—2
你	nǐ	2—1
你好	nǐ hǎo	2—3
你们	nǐmen	2—1
年	nián	9—6
年龄	niánlíng	9—6
念	niàn	5—2
念书	niàn shū	5—2
鸟	niǎo	8—4
您	nín	5—2
牛	niú	8—1
牛奶	niúnǎi	2—2

牛肉	niúròu	8—1
农村	nóngcūn	9—2
女	nǚ	2—2
女孩儿	nǚháir	2—3

P

爬	pá	4—3
爬山	pá shān	4—3
怕	pà	5—4
拍	pāi	7—4
拍卖	pāimài	7—4
拍手	pāishǒu	7—4
旁边	pángbiān	6—2
胖	pàng	7—1
胖子	pàngzi	7—1
跑	pǎo	6—3
跑步	pǎobù	6—3
朋友	péngyou	4—2
批	pī	4—1
批评	pīpíng	4—1
皮肤	pífū	7—1
皮革	pígé	8—4
皮鞋	píxié	8—4
片	piàn	9—3
平静	píngjìng	7—2
苹果	píngguǒ	9—4
葡萄	pútáo	9—4
普通	pǔtōng	6—2
普通话	pǔtōnghuà	8—2

Q

七	qī	1—3
七十	qīshí	1—3
七月	qīyuè	1—3
妻子	qīzi	4—3
齐	qí	9—6
奇怪	qíguài	5—4
骑	qí	8—1
起	qǐ	6—1
起床	qǐchuáng	6—1
千	qiān	1—3
千万	qiānwàn	8—4
签名	qiānmíng	9—5
签证	qiānzhèng	9—5
悄悄	qiāoqiāo	5—4
桥	qiáo	9—2
青	qīng	7—2
青年	qīngnián	9—6
情况	qíngkuàng	7—2
请	qǐng	7—2
请假	qǐng jià	7—2
请问	qǐngwèn	7—2
取	qǔ	4—2
去	qù	6—3
去年	qùnián	9—6
群	qún	8—2

R

让	ràng	3—4
人	rén	1—3
人口	rénkǒu	3—2

人民	rénmín	3—1	少	shǎo	1—4
人民币	rénmínbì	3—1	少年	shàonián	9—6
认识	rènshi	3—4	舌头	shétou	8—2
认为	rènwéi	8—3	蛇	shé	8—2
认真	rènzhēn	3—4	射门	shè mén	5—1
日	rì	1—3	身	shēn	5—1
日报	rìbào	4—2	身高	shēngāo	5—1
日记	rìjì	3—4	身上	shēnshang	5—1
日子	rìzi	2—3	身体	shēntǐ	5—1/9—1
肉	ròu	7—1	生病	shēng bìng	5—1
肉丁	ròudīng	7—1	生词	shēngcí	3—4
如果	rúguǒ	9—2	生日	shēngri	9—5
入口	rùkǒu	3—2	生物	shēngwù	8—1
			生意	shēngyi	5—2
			声调	shēngdiào	3—4
S			声音	shēngyīn	3—3
			师傅	shīfu	4—3
三	sān	1—3	十	shí	1—3
三角	sānjiǎo	8—1	十八	shíbā	1—3
三十	sānshí	1—3	十二	shí'èr	1—3
三月	sānyuè	1—3	十二月	shí'èryuè	1—3
森林	sēnlín	9—2	十九	shíjiǔ	1—3
傻瓜	shǎguā	9—6	十六	shíliù	1—4
山	shān	1—3	十七	shíqī	1—3
上	shàng	1—4	十三	shísān	1—3
上边	shàngbian	6—2	十四	shísì	1—3
上当	shàngdàng	4—3	十五	shíwǔ	1—4
上课	shàngkè	3—4	十一月	shíyīyuè	1—3
上来	shànglái	9—6	十月	shíyuè	1—3
上面	shàngmian	3—1	什么	shénme	2—1
上去	shàngqù	6—3	什么的	shénmede	7—4
上午	shàngwǔ	1—4			
上学	shàngxué	2—3			

拾	shí	4—1		睡觉	shuìjiào	3—1
食品	shípǐn	7—3		说	shuō	3—4
使	shǐ	9—5		说话	shuōhuà	8—2
事	shì	9—5		司机	sījī	9—2
事情	shìqing	9—5		思念	sīniàn	5—2
试	shì	3—4		四	sì	1—3
是	shì	6—1		四十	sìshí	1—3
适合	shìhé	8—2		四月	sìyuè	1—3
手	shǒu	4—1		送	sòng	6—2
手机	shǒujī	4—1		算了	suànle	9—5
手术	shǒushù	9—1		孙女	sūnnǚ	2—3
手指	shǒuzhǐ	4—1		孙子	sūnzi	2—3
首	shǒu	3—1				
受不了	shòubuliǎo	4—3		**T**		
受得了	shòudeliǎo	4—3		他	tā	2—1
售货员	shòuhuòyuán	8—5		他们	tāmen	2—1
瘦	shòu	5—1		它	tā	8—2
瘦小	shòuxiǎo	5—1		它们	tāmen	8—2
书	shū	2—3		她	tā	2—2
书包	shūbāo	2—3		她们	tāmen	2—2
舒服	shūfu	7—1		台	tái	3—2
蔬菜	shūcài	9—4		抬	tái	4—1
束	shù	9—1		抬头	tái tóu	4—1
树	shù	9—2		太	tài	2—1
树根	shùgēn	9—2		太极拳	tàijíquán	9—3
树林	shùlín	9—2		太太	tàitai	2—1
树木	shùmù	9—2		态度	tàidu	5—2
双	shuāng	4—2		糖	táng	7—4
双方	shuāngfāng	4—2		躺	tǎng	5—1
谁	shuí	3—4		讨	tǎo	4—3
水果	shuǐguǒ	9—2		讨论	tǎolùn	4—3

讨厌	tǎoyàn	8—3	头发	tóufa	4—2
特点	tèdiǎn	8—1	头疼	tóuténg	5—1
疼	téng	5—1	推	tuī	4—1
疼痛	téngtòng	5—1	推拿	tuīná	4—1
踢	tī	6—3	腿	tuǐ	7—1
提	tí	6—1	退休	tuìxiū	9—1
提包	tíbāo	6—1	脱	tuō	7—1
题	tí	6—1			
题目	tímù	6—1		**W**	
体育	tǐyù	9—1	歪	wāi	6—1
天	tiān	2—1	万	wàn	8—4
甜	tián	8—2	忘	wàng	5—2
甜点	tiándiǎn	8—2	忘记	wàngjì	5—2
条	tiáo	9—1	为了	wèile	8—3
条件	tiáojiàn	9—1	为什么	wéi shénme	8—3
跳	tiào	6—3	未	wèi	9—1
跳舞	tiàowǔ	6—3	未来	wèilái	9—6
听	tīng	3—3	位	wèi	2—1
听见	tīngjiàn	3—3	味道	wèidao	9—1
听讲	tīngjiǎng	3—4	胃	wèi	7—2
听说	tīngshuō	3—4	胃病	wèibìng	7—2
听写	tīngxiě	3—3	胃口	wèikǒu	7—2
停	tíng	6—1	胃疼	wèi téng	7—2
停止	tíngzhǐ	6—1	喂	wèi	3—2
通	tōng	6—2	文件	wénjiàn	8—1
通过	tōngguò	6—2	文学	wénxué	2—3
同情	tóngqíng	7—2	文章	wénzhāng	3—3
同意	tóngyì	5—2	问题	wèntí	6—1
痛苦	tòngkǔ	9—4	我	wǒ	2—1
痛快	tòngkuai	5—3	我们	wǒmen	2—1
头	tóu	3—1	乌龟	wūguī	8—4

乌鸦	wūyā	8—4	鲜花	xiānhuā	9—4
乌鸦嘴	wūyāzuǐ	8—4	羡慕	xiànmù	5—4
五	wǔ	1—4	相同	xiāngtóng	9—3
五十	wǔshí	1—4	相信	xiāngxìn	9—3
五月	wǔyuè	1—4	香	xiāng	9—6
午餐	wǔcān	7—3	香菜	xiāngcài	9—6
午饭	wǔfàn	7—3	香肠	xiāngcháng	9—6
舞	wǔ	6—3	香蕉	xiāngjiāo	9—6
舞会	wǔhuì	6—3	香水	xiāngshuǐ	9—6
			箱子	xiāngzi	9—5
			想	xiǎng	5—3

X

			想念	xiǎngniàn	9—3
西	xī	9—3	向导	xiàngdǎo	4—3
西北	xīběi	9—3	相片	xiàngpiàn	9—3
西边	xībiān	9—3	象	xiàng	8—3
西餐	xīcān	9—3	像	xiàng	8—3
西服	xīfú	9—3	小	xiǎo	1—3
西瓜	xīguā	9—6	小孩儿	xiǎoháir	2—3
西红柿	xīhóngshì	9—3	小姐	xiǎojiě	2—2
习惯	xíguàn	5—3	小麦	xiǎomài	9—6
喜欢	xǐhuan	4—2	小说	xiǎoshuō	3—4
下	xià	1—4	小心	xiǎoxīn	5—2
下边	xiàbian	6—2	小学	xiǎoxué	2—3
下课	xiàkè	3—4	小学生	xiǎoxuéshēng	2—3
下来	xiàlai	9—6	校长	xiàozhǎng	9—2
下面	xiàmian	3—1	笑	xiào	9—5
下去	xiàqu	6—3	笑话	xiàohuà	9—5
下午	xiàwǔ	1—4	鞋	xié	8—4
夏天	xiàtiān	6—3	写	xiě	3—3
先	xiān	6—1	谢谢	xièxie	5—1
先生	xiānsheng	6—1	心	xīn	1—3/5—2
鲜	xiān	8—1			

心情	xīnqíng	7—2	腰	yāo	7—2
心脏	xīnzàng	7—1	要	yào	2—2
辛苦	xīnkǔ	9—4	要是	yàoshì	6—1
信	xìn	3—4	爷爷	yéye	2—3
信箱	xìnxiāng	9—5	也许	yěxǔ	3—4
兴趣	xìngqù	6—1	页	yè	3—1
姓	xìng	9—5	一月	yīyuè	1—3
姓名	xìngmíng	9—5	一共	yígòng	4—3
性格	xìnggé	9—5	一样	yíyàng	9—2
熊猫	xióngmāo	8—3	一起	yìqǐ	6—1
休息	xiūxi	9—1	一些	yìxiē	6—1
学	xué	2—3	以为	yǐwéi	8—3
学费	xuéfèi	8—5	椅子	yǐzi	9—3
学生	xuésheng	2—3	亿	yì	2—1
学习	xuéxí	2—3	艺术	yìshù	9—4
学校	xuéxiào	9—2	艺术品	yìshùpǐn	9—4
			意见	yìjiàn	5—2
			意思	yìsi	5—2

Y

鸭	yā	8—4	因为	yīnwèi	8—3
鸭蛋	yādàn	8—4	饮料	yǐnliào	7—4
牙	yá	3—3	饮食	yǐnshí	7—3
牙齿	yáchǐ	3—3	印象	yìnxiàng	8—3
呀	ya	3—3	应当	yīngdāng	4—3
颜色	yánsè	3—1	应该	yīnggāi	3—4
眼睛	yǎnjing	3—1	英文	Yīngwén	9—4
演员	yǎnyuán	8—5	英语	Yīngyǔ	9—4
羊	yáng	8—2	婴儿	yīng'ér	8—5
羊毛	yángmáo	8—4	赢	yíng	8—5
羊肉	yángròu	8—2	拥挤	yōngjǐ	9—6
羊肉串	yángròuchuàn	8—2	永远	yǒngyuǎn	6—2
样子	yàngzi	9—2	友好	yǒuhǎo	4—2

有	yǒu	7—1	长	zhǎng	2—3
有的	yǒude	7—4	丈夫	zhàngfu	2—1
有的是	yǒudeshì	7—4	着急	zháojí	5—2
有趣	yǒuqù	7—1	找	zhǎo	4—1
有些	yǒuxiē	7—1	这	zhè	6—2
有意思	yǒu yìsi	7—1	这边	zhèbiān	6—2
又	yòu	4—2	这儿	zhèr	6—2
右	yòu	4—2	这个	zhège	6—2
右边	yòubiān	6—2	这么	zhème	6—2
鱼	yú	8—1	这些	zhèxiē	6—2
愉快	yúkuài	5—3	真好	zhēnhǎo	6—1
羽毛	yǔmáo	8—4	真正	zhēnzhèng	6—1
语言	yǔyán	3—4	争论	zhēnglùn	4—3
预习	yùxí	3—1	争取	zhēngqǔ	4—3
远	yuǎn	6—2	整齐	zhěngqí	9—6
愿意	yuànyì	5—3	支	zhī	4—2
月	yuè	1—3	职工	zhígōng	3—3
允许	yǔn xǔ	3—4	职业	zhíyè	3—3
运动员	yùndòngyuán	8—5	植物	zhíwù	9—2
			植物园	zhíwùyuán	9—2

Z

			只	zhī	3—2
杂技	zájì	9—1	只是	zhǐshì	6—1
杂志	zázhì	9—1	指	zhǐ	4—1
再见	zàijiàn	3—1	中	zhōng	3—2
咱	zán	3—3	中餐	zhōngcān	7—3
脏	zāng	7—1	中文	Zhōngwén	3—2
脏话	zānghuà	7—1	中午	zhōngwǔ	3—2
糟糕	zāogāo	7—4	中心	zhōngxīn	3—2
怎么	zěnme	5—2	中学	zhōngxué	3—2
怎么样	zěnmeyàng	9—2	种	zhǒng/zhòng	9—6
站	zhàn	3—2	重要	zhòngyào	2—2

269

周末	zhōumò	9—1	足球	zúqiú	6—3
粥	zhōu	7—4	嘴	zuǐ	8—1
猪	zhū	8—3	嘴巴	zuǐba	8—1
竹子	zhúzi	9—5	嘴唇	zuǐchún	8—1
主意	zhǔyi	5—2	最	zuì	4—2
抓	zhuā	4—3	最好	zuìhǎo	4—2
爪子	zhuǎzi	4—3	最近	zuìjìn	6—2
桌子	zhuōzi	9—3	左	zuǒ	4—2
自费	zìfèi	8—5	左边	zuǒbiān	6—2
自己	zìjǐ	3—3	左右	zuǒyòu	4—2
总	zǒng	5—3	作文	zuòwén	2—1
走	zǒu	6—1	作业	zuòyè	2—1